跬 步 集

——西南交通大学土木工程学院课程思政建设

富海鹰　杨成　夏嵩　申玉生　冯君　编著

西南交通大学出版社
·成都·

图书在版编目（CIP）数据

跬步集：西南交通大学土木工程学院课程思政建设 / 富海鹰等编著. —成都：西南交通大学出版社，2021.8
ISBN 978-7-5643-8198-1

Ⅰ. ①跬⋯ Ⅱ. ①富⋯ Ⅲ. ①高等学校 – 思想政治教育 – 研究 – 中国 Ⅳ. ①G641

中国版本图书馆 CIP 数据核字（2021）第 167724 号

Kuibu Ji——Xinan Jiaotong Daxue Tumu Gongcheng Xueyuan Kecheng Sizheng Jianshe
跬步集——西南交通大学土木工程学院课程思政建设

富海鹰　杨　成　夏　嵩　申玉成　冯　君　编著

责 任 编 辑	吴　迪
特 邀 编 辑	张佳欣
封 面 设 计	曹天擎

出 版 发 行	西南交通大学出版社 （四川省成都市金牛区二环路北一段 111 号 西南交通大学创新大厦 21 楼）
发行部电话	028-87600564　028-87600533
邮 政 编 码	610031
网　　　址	http://www.xnjdcbs.com
印　　　刷	四川煤田地质制图印刷厂
成 品 尺 寸	185 mm × 260 mm
印　　　张	9.75
字　　　数	197 千
版　　　次	2021 年 8 月第 1 版
印　　　次	2021 年 8 月第 1 次
书　　　号	ISBN 978-7-5643-8198-1
定　　　价	80.00 元

图书如有印装质量问题　本社负责退换
版权所有　盗版必究　举报电话：028-87600562

序

习近平总书记在全国高校思想政治工作会上指出,要用好课堂教学这个主渠道,使各类课程与思想政治理论课同向同行,形成协同效应。高校专业课往往占据了学生在校学习的大部分课时,在专业课中开展课程思政建设工作,是把思想政治工作贯穿教育教学的重要体现。尤其受当前世界格局急剧改变以及国内经济发展模式转型的影响,社会价值观渐呈多样化,有必要进一步巩固专业课教学的三尺讲台,让习近平新时代中国特色社会主义思想持续有效地传递,筑牢思想教育的阵地。

专业课教学能够有效提炼出德育要素、哲学思想和文化内涵,真正做到润物无声,是实现其同向同行作用的关键。土木工程作为传统工科专业,在全球化发展进程和国内产业调整中同时面临着挑战和机遇,开展好课程思政,是引导学生树立大国使命感和全球发展的担当意识,帮助他们既着眼于远大目标,又不忘鲜明的行业特色,在专业学习中不忘初心、脚踏实地的必要之举。

"艰难困苦,玉汝于成",西南交通大学土木工程学院承载着"百年土木"的办学底蕴,在 125 年的办学史上,历经八国联军侵华战争、抗日战争、三线建设等重大历史转折,多次搬迁,筚路蓝缕,与中华民族同生死,共命运,总计培养了 4 万余名合格毕业生,成为各个时期国家建设的骨干和模范。她的百年办学史不仅是中国铁路史的一部分,更是 1896 年以来中华民族奋斗史的一个缩影。土木工程专业开展课程思政,是积极践行以铁路史扬"四史",激发广大师生以交通强国助力中华民族伟大复兴的重要工作。

学院于 2018 年获批教育部首批"三全育人"综合试点和首批全国党建工作标杆院系,通过两年多大力建设,在之前育人课程的基础上,形成了一整套课程思政的贯彻体系。教师们把复兴夙愿、强国梦想、人民情怀充分融入课堂教学,在教学方法探索、教学资源建设、评价体系形成等各方面成效显著。特别是在价值观表述、培养方案重塑、思政元素融入路径等关键环节上形成了独到的见解和工作特色。285名一线教师全部参与到课程思政教学中，积累了丰富的成果，先后获批多个省级课程思政示范课程和团队，标杆效应显著。尤其在2020年疫情期间，有4门示范课入选教育部面向全球推出的"首批高校在线教学国际平台全英文课"，向全世界展示了课程思政价值观。为了更广泛地推动课程思政建设发展提高，土木工程学院课程思政研究团队将他们的建设规划、执行理念、评价和监督办法等改革成果汇总，尤其是整理了一批优秀的课程思政教学案例，以供兄弟单位借鉴。这些成果饱含了全体教师的心血，体现了他们对课程育人的专注热情和敬业精神。

本书对土木工程学院课程思政建设的总体思路进行了介绍，根据土木工程在全球化发展进程和国内产业调整中面临的挑战和机遇，对于如何引导学生树立大国使命感，建立面向世界的发展担当意识，实现既契合专业特色，又定位远大目标的价值观塑造进行了深入探讨。如何根据个体成长路径和未来从业领域实现有差别的价值观表述，是当前全世界探讨的价值观教育热点，土木同仁们的研究恰逢其时。书中的案例集不仅给出了示范讲义，还根据课程内容提炼了思政元素的融入方法。案例紧密结合了辩证唯物主义和历史唯物主义的分析方法和哲学观点，在对工程理论的学习，以及科技与"自然—社会—人"关系的讨论中充分展示了课程思政对专业知识的升华作用，真正做到了"润物无声"。

十年树木，百年树人。虽然育人是百年大计，无法一蹴而就，但"不积跬步，无以至千里"。时值2021年中国共产党建党百年，西南交通大学土木工程学院的师生倾力推出这本《跬步集》，力求将知识教育承载的真理与信念根植于心。我为他们的忠诚和努力感动欣喜，遵嘱写几句，不敢称序。

祝愿他们在交通强国的道路上续写"百年土木"的辉煌！

二〇二一年于棠蓉园

前言

根据习近平总书记关于教育的重要论述和 2018 年全国教育大会精神，以及 2019 年颁布的《关于深化新时代学校思想政治理论课改革创新的若干意见》和教育部 2020 年印发的《高等学校课程思政建设指导纲要》(简称《纲要》)的相关规定，课程思政已经成为将思想政治教育贯穿人才培养体系，保证课程育人的根本性举措。根据《纲要》意见，要在知识传授和能力培养中充分发挥立德树人的作用，将思想政治教育内容以隐性教育的方式传递，把思政元素融入知识传授和能力培养的全过程，引导学生树立正确的世界观、人生观和价值观，努力挖掘课程内容和教学方式中蕴含的思想政治教育素材。教育部于 2018 年设立了首批"三全育人"综合改革试点单位，其中重点突出了课程育人的作用，此后课程思政成为教育部从 2019—2021 连续三年的重点工作，全国高校发挥办学特色，以各种方式积极推进课程育人工作，并取得了初步成效。

西南交通大学土木工程学院自 2018 年获批教育部首批"三全育人"综合改革试点单位以来，将课程思政作为重中之重，通过培养方案修订、教学能力培训、教学资源积累、评价机制建设等一系列举措，将思政元素融入并贯穿到 114 门本科课、104 门研究生课和 39 门国际教育课中，全面覆盖了本–硕–博以及国际办学体系，建成了一批具有丰富思政元素的线下和线上示范性课程。学院课程思政工作组在对其中优秀的教学案例和研究心得进行分析总结的基础上，进一步筛选汇总。另外，对于课程思政的建设方法、教学理论以及评价监督体系等工作经验，也一同做了分析和整理。尤其针对辩证唯物主义和历史唯物主义原理在不同课程内容中的隐含规律，在几类典型课程中探索了思政元素挖掘的方法，对于课程思政实施有较好的推广意义。

全书分为四章，第一章是土木工程学院课程思政建设的背景和基本举措；第二章介绍了课程思政建设中存在的思想政治和专业教学理论，并以实际教学案例为基础进行了解析；第三章是专业教学中典型的课程思政案例集，不仅按照统一的格式凝练了思政元素，还附上了不少生动的教案；第四章介绍了获批"三全育人"试点以来学院在党建引领基础上，在与课程思政建设相关的师风师德、组织活动、教学规范等一系列工作中建立形成的规章制度建设成果。

除课程思政工作组成员外，徐腾飞副教授为第一章提供了部分素材，参与了第二章部分内容的写作。蒋雅君副教授参与了第二章部分内容的写作。另外，军队合作教学单位的部分专家，如海军工程大学陈占友教授和张铮副教授、海军潜艇学院李丹妮教授、海军航空大学刘占峰教授和周建彩副教授等也参与讨论了本书相关内容，提出了宝贵意见，在此一并表示感谢！

最后，由于水平有限，本书还存在许多不足和局限之处，敬请各位专家学者批评指正。

作　者
2021 年 6 月于成都九里堤

目录

1 **课程思政建设的背景和基本举措** ··· 001
- 1.1 课程思政试点建设背景 ··· 001
- 1.2 课程思政建设基本举措 ··· 003
- 1.3 凝练人才培养价值观，重塑培养方案和课程建设路径 ··············· 004
- 1.4 构建多样化、体系化、国际化课程思政教学资源 ······················· 007
- 1.5 构建课程思政的评价监督体系 ··· 011

2 **工科课程思政的理论和方法研究** ··· 014
- 2.1 工科专业理论教学中的课程思政建设路径 ································· 014
- 2.2 工科专业实践教学中的课程思政建设路径 ································· 026
- 2.3 工科专业教育中的工程伦理因素的融入 ····································· 039
- 2.4 土木工程专业课程思政的融入方法解析 ····································· 046
- 2.5 人生导师协同育人机制在专业人才培养中的作用 ······················· 053

3 **土木工程课程思政教学案例选编** ··· 070
- 3.1 "地下工程防水"课程思政案例 ··· 071
- 3.2 "地下结构地震响应与抗震设计"课程思政案例 ······················· 072
- 3.3 "地下空间利用"课程思政案例 ··· 073
- 3.4 "山岭隧道"课程思政案例 ··· 075
- 3.5 "水下隧道"课程思政案例 ··· 077
- 3.6 "隧道洞口景观设计"课程思政案例 ··· 079
- 3.7 "隧道工程"课程思政案例 ··· 081
- 3.8 "隧道通风与防灾"课程思政案例 ··· 083
- 3.9 "地下铁道"课程思政案例 ··· 085

- 3.10 "高速公路隧道"课程思政案例 ……………………………………… 086
- 3.11 "钢结构设计原理"课程思政案例 …………………………………… 088
- 3.12 "混凝土桥"课程思政案例 …………………………………………… 090
- 3.13 "桥梁检测与养护"课程思政案例 …………………………………… 091
- 3.14 "桥梁建造技术"课程思政案例 ……………………………………… 093
- 3.15 "缆索承重桥梁"课程思政案例 ……………………………………… 095
- 3.16 "桥梁工程 A"课程思政案例 ………………………………………… 097
- 3.17 "桥梁工程课程设计"课程思政案例 ………………………………… 099
- 3.18 "土力学"课程思政案例 ……………………………………………… 101
- 3.19 "高层建筑基础工程设计"课程思政案例 …………………………… 103
- 3.20 "岩土工程课程设计"课程思政案例 ………………………………… 105
- 3.21 "混凝土结构设计原理"课程思政案例 ……………………………… 107
- 3.22 "建筑工程"课程思政案例 …………………………………………… 109
- 3.23 "房屋钢结构"课程思政案例 ………………………………………… 111
- 3.24 "房屋建筑学"课程思政案例 ………………………………………… 113
- 3.25 "钢结构设计原理"课程思政案例 …………………………………… 115
- 3.26 "道路工程"课程思政案例 …………………………………………… 117
- 3.27 "工程设计优化方法"课程思政案例 ………………………………… 119
- 3.28 "交通土建信息化技术"课程思政案例 ……………………………… 121
- 3.29 "城市轨道交通工程维护与管理"课程思政案例 …………………… 123
- 3.30 "轨道工程"课程思政案例 …………………………………………… 125
- 3.31 "铁路线路测试技术"课程思政案例 ………………………………… 127
- 3.32 "城市地下空间规划与设计"课程思政案例 ………………………… 129
- 3.33 "地下工程试验与量测技术"课程思政案例 ………………………… 131
- 3.34 "地下工程通风与空调"课程思政案例 ……………………………… 133

4 "三全育人"的评价与监督 ……………………………………………… 135

- 4.1 土木工程学院贯彻落实全面从严治党要求实施办法 ………………… 135
- 4.2 土木工程学院教职工思想政治与师德师风建设实施工作意见 ……… 139
- 4.3 土木工程学院"课程思政"建设管理办法 …………………………… 143
- 4.4 土木工程学院科研育人评价机制 ……………………………………… 145

1 课程思政建设的背景和基本举措

1.1 课程思政试点建设背景

十九大以来，习近平总书记先后对全面加强党对教育工作的领导，坚持立德树人，加强学校思想政治工作等方面做了重要指示。根据习近平总书记关于培养全面发展的社会主义接班人的讲话精神[1]，以及中央"三全育人"综合改革工作的总体目标[2-3]，高校把思想价值引领贯穿教育教学全过程和各环节，使思想政治工作风气焕然一新，立德树人的理想信念更加坚定。高校育人工作已经进入一个新的阶段：中国特色社会主义教育是知识体系教育同思想政治教育的结合与综合这一基本认识已经深入人心。

以习近平新时代中国特色社会主义思想和党的十九大精神为指导，西南交通大学土木工程学院贯彻落实全国高校思想政治工作会议精神，践行社会主义核心价值观。依据《中共中央 国务院关于加强和改进新形势下高校思想政治工作的意见》[4]《高校思想政治工作质量提升工程实施纲要》[5]《"三全育人"综合改革试点工作建设要求和管理办法》《普通高等学校院（系）"三全育人"综合改革试点建设标准（试行）》等有关文件精神，学院围绕符合"交通强国"战略需求的交通土建人才需求，积极探索将思想政治教育与土木工程专业教育相统一的体制机制。学院在 2018 年获批教育部首批"三全育人"综合改革试点院系后，以"十二个育人"环节为基本格局，在两年多时间里，在"课程育人""科研育人""文化育人"三个方面重点进行了建设，改革试点基本思路与总体规划见图 1.1、1.2。

在"三全育人"的大格局中，"三尺讲台"是思想政治教育的主阵地，以课程思政为抓手的课程育人，是各类育人环节中最不可或缺、难度最大、内容最为丰富的部分。课程思政已经成为将思想政治教育贯穿人才培养体系、发挥好课程育人的主要举措。根据《高等学校课程思政建设指导纲要》[6]，为了在文化知识教育中充分体现"立德树人"，将价值观传递融入知识传授和能力培养过程以引导学生树立正确的世界观、人生观和价值观，需要深入挖掘各类课程和教学方式中蕴含的思想政治教育资源。长期以来，我们比较重视思想政治课程阵地，从思政课的教师选聘、教材遴选到教学范式都有严格的管理和较为充足的建设投入，为坚守高校意识形态阵地做出了重要贡献。但对非思想政治专业的师生而言，专业课占据大部分课时，课下大部分时间也都花在专业课上,因此如何在专业课教学上不给意识形态阵地留"漏洞",是课程思政建设的出发点。近年来,由世界格局急剧改变和国内经济发展模式转型所导致的价值观多样化的现象日益显著。作为知识传授的主阵地,课程思政教育的效果亟待巩固,以防止在思政课程上构筑的价值观阵地,在专业课的课堂上不经意地被淡化甚至丢失,从而让习近平新时代中国特色社会主义思想的传递"润物细无声"。

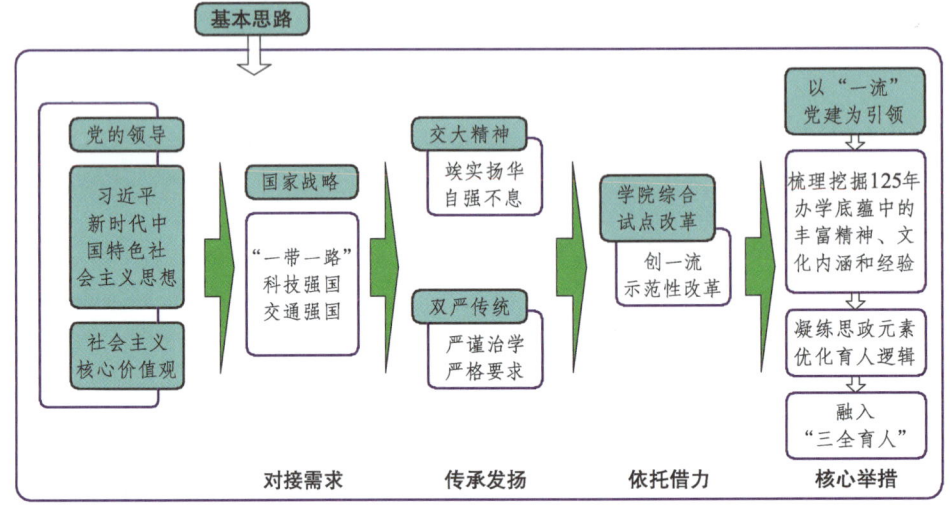

图 1.1　改革试点基本思路

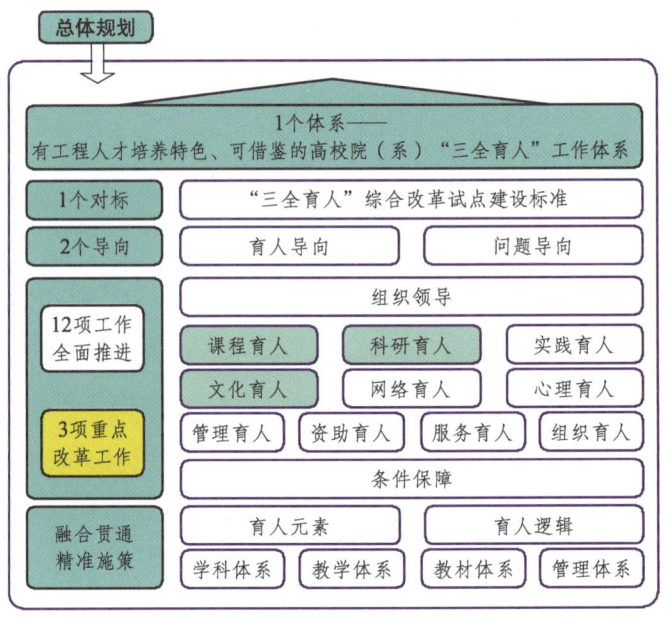

图 1.2　改革试点总体规划

从前期的实践看,课程思政要"落地生根",尚面临一些困难,主要体现在三个方面。

第一，既有培养模式中思政引领力度不足。主要体现在培养方案中价值观引领的作用不突出；基于学科和毕业生从业特点的价值观表述不够凝练；教师群体对课程思政工作认识欠缺，相当一部分教师仍然认为思政教育仅仅是思想政治工作专职队伍的事情，在知识传递和能力培养过程中挖掘思政元素的主动性有待提高。

第二，课程思政资源的充分性和适用性不足。除了因为教师队伍来源的多样化，其自身的世界观、历史观等方面的养成程度参差不齐等原因外，合格课程思政资源也面临多样化、体系化、国际化的发展需求。课程思政的教学模式和教学资源积累还有待建设，可借鉴的经验或范式还较为有限，优秀的课程思政示范效应尚未显现出来。

第三，课程思政执行效果的可评价性和监督执行机制不足。目前，针对课程思政执行尚未建立起有效的评价、反馈、监督办法，既有的教学质量考评办法也就无法有效融入其中，难以保证在课堂教学中接受价值观和在实践教学中践行价值观之间的一致性。

1.2 课程思政建设基本举措

针对存在的问题，西南交通大学土木工程学院经过理论攻关、教学实验和推广应用等实践，从价值观凝练和培养方案重塑、丰富教学资源和体系化形成、课程思政的评价和监督体系建等三个方面进行了建设。

第一，强化教师意识形态教育工作。以基层党建为引领，通过主题研讨、教学培训、分别谈话等举措，引导教师认识课程思政的必要性和紧迫性，强化主流价值观在教师队伍中的引领作用。立足"交通强国"使命，面向"一带一路"建设的不同层次人才需求，尤其是围绕立德树人宗旨，立足于"百年未有之大变局"[7-8]背景下的国家和个人发展需求，基于交通土建的办学特色，更新培养方案中的价值观教育主题。要求凝练能够反映大国使命和全球发展担当意识，力求根植于心的价值观表述。

第二，探索了课程思政的建设路径，积极丰富课程思政教学资源。将思政元素融入情境教学，鼓励师生共同搭设解决问题的路径。如在数学、物理等工科基础课中建立、强化辩证唯物主义的自然观、科学观，突出运用自然辩证法分析、解决问题的能力培养；在有关工程技术的专业课中，侧重历史唯物主义观的培养，引导学生认识"是什么缔造了社会主义的建设成就""建设成就为谁服务"；在工程实践课教学中，注重以辩证唯物主义认识论为引导，帮助学生建立认识与实践之间的关系，从哲学学理上引导学生注重实践。学院成立了攻关组，聘请思政理论专业教师指导，结合具体课程，紧密结合教学内容，来充分挖掘思政元素。293名一线专任教师提高认识、人人参与，积累了丰富的教学案例，先后树立了一批国家级和省级课程思政示范课程和示范团队，土木工程专业获批四川省课程思政示范专业。

第三，学院还结合教学质量、学生反馈，以及价值观行为示范作用，建立了相应的课程思政教学质量考评监督机制。学院着力推动建立评价标准以推动专业教学目标向价值观塑造目标转变，从重视知识传授结果向重视教学过程效能转变，从以教师为中心向以学生为中心转变。把评价过程延伸到教学课程开发、教材资源建设、教学范式设计、教学过程控制、教学效果反馈等重点环节。利用课程思政元素挖掘矩阵引导教学，运用课程思政评价矩阵评价教学。

具体的举措需要结合本单位办学条件、历史、特色具体开展，后文将对其进行详细阐述。

1.3 凝练人才培养价值观，重塑培养方案和课程建设路径

1.3.1 面向新时代的价值观凝练

基于"三全育人"的试点执行框架，作为课程育人的建设内容，结合课堂教学进行了课程思政建设，组织各门课程挖掘了思政要素，建设了一批课程思政示范课，针对部分专业课程内容挖掘了部分课程思政元素，例如，环境保护、交通强国、工程-社会发展规律、从历史看制度优势、工程师伦理等。在第二课堂（学生活动方面）中开展"红土"文化系列活动：以百年土木传统文化底蕴和历史记录为依托，通过红色网站、红色长廊、话剧等形式在学生中营造了交通强国、科技报国的文化氛围，有效地配合了第一课堂的课程思政实施。

虽然取得了上述成绩，但仍然存在一些问题亟待解决。首先，已经挖掘出的诸多思政元素之间关系松散，没有或难以梳理建立出合理的逻辑联系，主题也不够凝练。其次，针对已经挖掘出来并正在宣讲的思政元素，尚存在"如何才能和学生具体的生活、学业紧密结合""一个确定的思政元素是否对所有的学生教育意义都是相同的"等问题。最后，对于挖掘出的思政元素及其背后需要体现的核心价值观，如何通过和学生的职业生涯结合来长远影响学生的行为表征，仍需进一步的实践研究。

土木工程学院以"工程师责任"作为入手点，帮助学生认识工程在社会中的作用，初步建立工程师对公共安全、社会发展、个体关怀等方面的专业责任感；引导学生探究工程活动对人类社会可持续发展的影响；加强阐释人类命运和个体发展之间的关系。在百年未有之大变局（即全球化趋势在与单边主义的冲突）的背景中，在国内产业逐步转型的过程中，在价值观多元化且不可避免地发生冲突的现实背景下，如何立足全球人类命运共同体的愿景，实现主流价值观引领，着重培养学生的个体担当意识？如何对西方国家近年来已经抬头的反全球化及民粹主义现象进行辨识，树立个体在全球化发展中的责任意识，理解和感受大国使命感对个体发展的意义？其重点需在工程教育中探讨：① 共同命运意识对共同责任的共鸣作用，即通过与基础设施相关

的工程问题梳理，进而分析全球社会共同面临的问题，树立人类共同命运意识，探讨人类共同利益与共同责任间的关系。② 共同价值理念对文明进步的引领作用，即探讨工程教育在营造广泛的合作共赢意识中所起到的作用，以及在建立普遍安全、共同繁荣、开放包容的文明世界中所扮演的角色。③ 共同实践行动对共赢愿景的开辟作用，即探讨工程建造在推动广泛的国际交流和国际合作方面的实际作用，以及现代工程科技对于应对气候变化和构建绿色发展的推动力[9]。通过引导学生致力于实现土木工程对于人类生活有益的改变，引导土木工程专业学生在生活中通过应用专业知识来对社会产生一些有益的改变，从而帮助学生找到在新时期科技发展和社会需求条件下的角色定位和贡献路径，进而明确个人发展和世界发展的关系。

1.3.2 思政引领的培养方案重塑

树立了以价值观凝练为依托的培养理念之后，思政牵引的作用首先需要体现在培养方案中。土木学院以立德树人为宗旨，基于"三全育人"改革试点的相关要求，进一步结合国家需求、学校定位与专业特色，在新型轨道交通土建多层次多模式人才培养体系中，将培养目标的内涵分解成：政治站位、品德素养、专业技能与职业精神四个维度。

针对具体的人才培养层次，按照"学生中心、成果导向、持续改进"的国际工程认证标准理念，抓住毕业要求的制定、落实和评价主线，坚持产出评价机制建设底线，形成了多层次多模式人才培养方案，方案调整情况见图1.3。

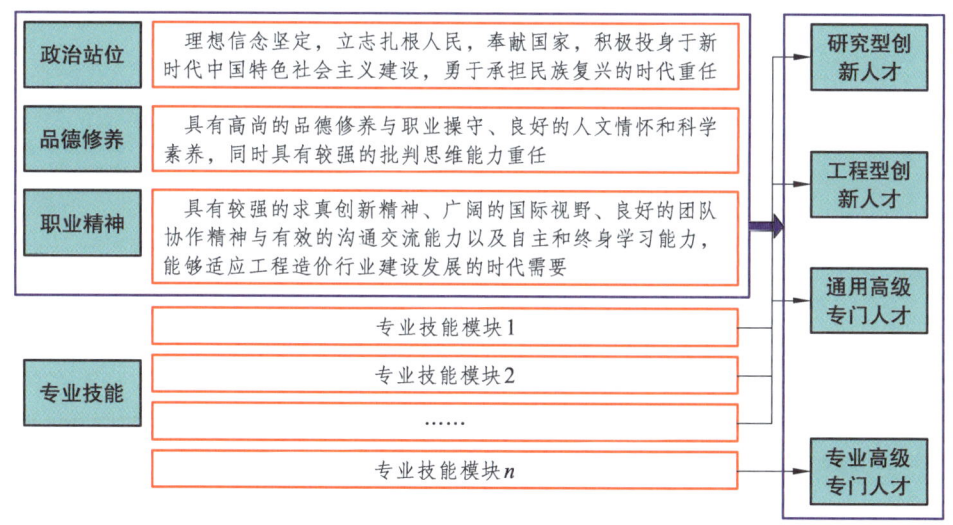

图1.3 新型交通土建人才培养方案调整

党的十八大以来，习近平总书记围绕"培养社会主义建设者和接班人"作出一系列重要论述，深刻回答了"培养什么人、怎样培养人、为谁培养人"这一根本性问题。

土木学院作为首批"三全育人"综合改革试点单位,始终将立德树人作为人才培养的根本任务,并明确:无论是何种人才培养层次,都应该具备同等要求的政治站位、品德修养与职业精神。

1.3.3 思政元素融入模式的构建

大部分专业通识课、工程管理类课程都与价值观、人文素养、法律法规联系紧密,思政元素挖掘的难度相对较小。而直接以严密的数理逻辑为依据的专业基础课,或以工程技术为主的专业课和专业实践课,虽然可以在"绪论"部分通过工程史或行业概况挖掘一些显而易见的思政元素,但课时很少,主要的章节和课时比例仍放在具体的科学技术原理上,比较难于和当前国家政策或社会主义核心价值观建立直接的关系,思政元素挖掘的难度较大,往往偏"自由发挥",难免"生硬植入",容易形成口号和内容"两张皮"的状态。同时,还存在对思政元素挖掘过于宽泛、解读角度过于发散随意等问题,可能导致对思政元素的错误解读。从"试点"建设情况看,如果缺乏提纲挈领的主线,不能找到统揽"全局"的理论导向和方法论,仅靠教师个人发挥,很难保证课程思政的教学质量,效果适得其反。

2013年12月3日,习近平总书记在十八届中共中央政治局第十一次集体学习时讲话强调"全党都要加强对马克思主义哲学的学习和运用,提高运用马克思主义立场、观点、方法分析和解决问题的能力"。工科专业课程体系综合复杂,既有基础科学,又有应用技术,同时也探讨工程和社会安全、经济、环保、伦理等的关系,其内容充分反映了自然属性和社会属性、主题要素和客体要素、物质和精神因素的辩证统一。因此,为了避免喊口号和"贴标签"式的生搬硬套,以及缺乏学理支撑的演绎,有必要以辩证唯物主义和历史唯物主义为理论依据、方法论工具和逻辑主线,从自然辩证法和历史唯物观的角度来解读和分析工程基础理论和技术知识,保证工科课程思政元素的有效挖掘、推理和演绎。

一方面,由于理论基础课、专业基础课和专业课,以及专业实践课程占据了教学绝大部分课时,可以基于具体的科学和技术知识,引导学生掌握马克思主义科学观,特别是运用马克思主义哲学认识论解决"怎么看"的问题。另一方面,培养未来的高水平工程师和一线建设者,要依据马克思主义哲学原理解读自然规律和社会现象,从实践中寻找解决思想问题的办法,并从马克思主义哲学实践观的角度解决"如何用"的问题。上述两方面结合,是对思想政治课教学效果的放大或拓展,不但可以提升专业教学质量,更能深化思政课程和专业育人相结合的学理内涵。

土木工程学院根据不同课程的特点,在以下三个方面重点尝试,取得了一定的进展:

(1)在关于数理基础和基本工程技术原理的教学中体现自然辩证法哲学的基本观点和方法。基于思政课程已经学习了辩证唯物主义基本理论,特别是自然辩证法中对自然现象的分析解释等，可以借此继续拓展和深化，引导学生用辩证唯物主义哲学方法认识学习基础课的具体内容。另外，工程技术对社会的推动影响也可以从工程技术自然属性和社会属性统一性、工程技术主体要素和客体要素统一性上着手，利用教学互动和讨论促进思政元素的挖掘和认识。

（2）在对工程技术的社会影响和历史意义的探讨中体现历史唯物主义的方法和观点。通过挖掘与国家政策和社会需求直接相关的思政元素，引导学生从建设历史看国家发展历程，从建设成就看社会制度优势，从工程-人-社会的关系看工程伦理。着重引导学生树立"四个自信"，帮助学生思考认识：是什么缔造了建设成就？建设成就为谁服务？

（3）在专业实践课和科创实践活动中挖掘辩证唯物主义认识论和实践观的要素。工科专业实践课是将课堂理论知识转化为实践能力的初始环节，有助于对理论知识建立切身感受，但目前实践类课程的试验或制造方案大多是预设的，也有相对标准的答案用于校验和评分，这对于引导学生认识到实证主义在科学独立过程中的地位有一定意义。近年来，答案不唯一、注重探索和创新能力培养的实践类课程逐渐受到重视，如 Capstone 一类的课程更强调个性方案建造实施，以及工程综合影响分析，基于此，可以引导学生从马克思主义认识论的角度分析工程问题，探索"认识与实践"之间相互作用的辩证关系，建立正确的真理观。

为了展示上述贯彻课程思政的教学模式，土木工程学院录制了 14 部相关的网络课程，形成了广泛的价值观辐射，在课程思政教学方法上起到了示范作用。

1.4 构建多样化、体系化、国际化课程思政教学资源

土木学院通过区分培养层次、对象和专业，构建了多样化、体系化、国际化课程思政教学多资源体系。按照立德树人的宗旨和课程思政要求，土木工程学院已经全面重塑了培养体系，含有课程思政目标的新培养计划完全覆盖了本-硕-博和国际办学的各个培养方面，以此为方向，分层次、全覆盖地将课程思政元素融入了土木学院培养方案的所有课程，凝练了教学方法，起到了辐射示范作用，成梯度、分批次地培养、形成了课程思政优秀教师团队。

1.4.1 课程思政体系全覆盖

《高等学校课程思政建设指导纲要》指出：对于教学课程要求课程全面覆盖，课课过关；对于师资考评要求思政元素贯穿，一票否决。为达到该要求，针对不同课程中的科学、技术、工程教育内涵差异，以及课堂教学和实践教学的范式差异，有针对性地形成了应用马克思主义哲学不同分支的思政元素凝练路径和建设方法，并将该方

法应用于课程资源建设中。通过持续建设，实现了本-硕-博以及国际办学体系课程思政的全面覆盖，将思政元素全面融入并贯穿到 114 门本科课程、104 门研究生课程和 39 门国际教育课程中，具体情况见图 1.4。对优秀的教学案例和研究心得进行了汇编整理，打造了"课程思政"研究专著《跬步集——西南交通大学土木工程学院课程思政建设》，为专业教师的课程内容设计和教学方法设计提供支持。

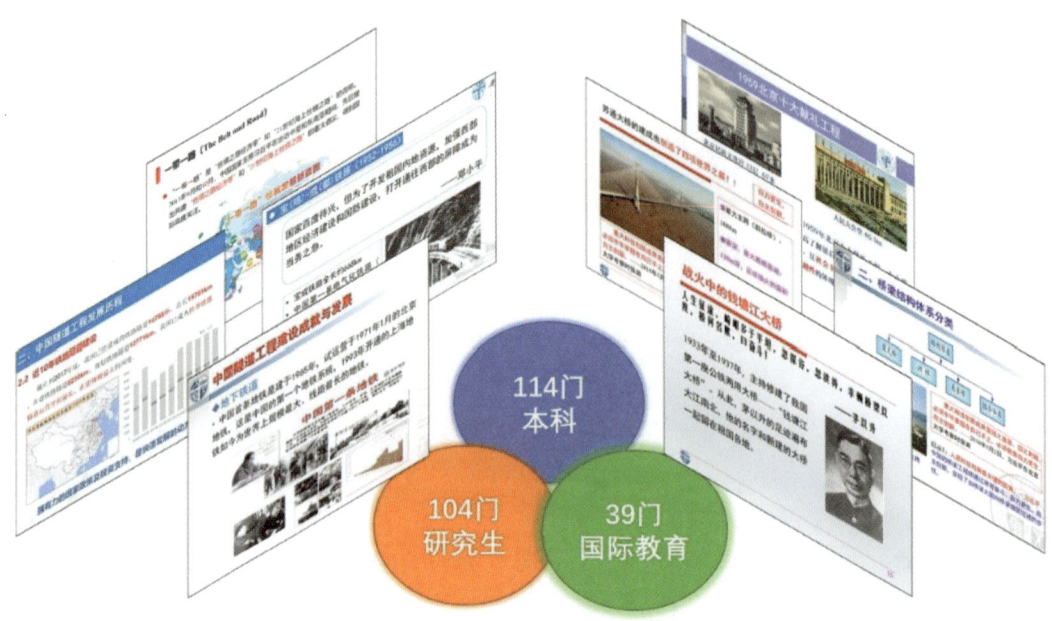

图 1.4　课程思政课程全覆盖

1.4.2　示范课程及团队打造

高校师生思想政治状况滚动调查结果显示，对大学生思想言行和成长影响最大的第一群体是专业课教师。教师是大学教育的主要承担者。课程思政的基础在课程，重点在思政，关键在老师，成效在学生。通过"争优秀、立示范"打造课程思政示范课程和团队，统一任课教师思政意识，使教师正确认识知识传授与价值引领之间的关系、统筹处理好育才能力和育德能力之间的关系。

采用质性研究方法，结合党史、新中国史、改革开放史、社会主义发展史"四史"学习教育，立足中国铁路工程史和中国铁路教育史，将大国工程、全球视野、使命担当、工匠精神、工程伦理等要素充分融入情景教学和教材建设。学院依托核心课程的规划教材建设，紧密结合"四史"，重点突出铁路工程史，打造了国家级课程思政示范课"高等土力学"，以及"土力学"和"混凝土结构设计原理"2 门省级课程思政示范课。293 名一线教师参与课程思政教学，组建了包括 5 位国家级和省级"教学名师"在内的课程思政研究和示范团队，获批《岩土力学》课程群"四川省课程思政示范团队。依托教育部向全球推出的首批高校在线教学国际平台的全英文课，如"高速铁路概论"（Introduction of High-Speed Railway）、"高速铁路工程"（High-Speed Railway Engineering）、"高速铁路运营与维护"（Operation and Maintenance of High-Speed Railway）、"高速铁路建设管理"（Construction Management of High-Speed Railway）等，实现了课程思政价值观的全球化展示。

1.4.3　教学资源和平台建设

工科专业实践课是将课堂理论知识转化为实践能力的初始环节，有助于对理论知识建立切身感受。但目前实践类课程的试验或制造方案大多是预设的，对于引导学生从感性认识到理性认识是有一定的积极作用，然而，目前世界正经历百年未有之大变局，中国正处于一个高速发展过程中，工科大学生更需要注重探索和创新能力培养，体验大国工匠精神，建立正确价值观，立志奉献于艰险山区大国工程。

根据《普通高等学校院（系）"三全育人"综合改革试点建设标准（试行）》与《高等学校课程思政建设指导纲要》等文件要求，西南交通大学土木工程学院秉承"百年土木，树人百年"的办学宗旨，以立足全球发展和国际意识，突出国家使命担当的责任感为主线，凝聚价值引领作用，构建多学科交叉融合、多部门协同配合、多种办学力量贡献参与的"三全育人"长效培养机制。以新思政观为引领，探索专业实习、社会实践、志愿服务互融机制，建立一批适应土木工程领域发展的"三全育人"实践基地，夯实学生的实践实训环节，培养和造就适应土木工程行业新形势、能够引领交通土建领域未来发展的领军及高级专门人才。

为了进一步弘扬大国工匠精神[10]，培养大学生的创新创业能力，立志服务于艰险山区大国工程情怀。西南交通大学土木工程学院拟与国家重大战略工程的设计、施工单位紧密合作，共同建立面向艰险山区国家重大工程（桥梁、隧道、水电等领域）的"三全育人"实践基地，实践基地具体情况见图1.5。以国家重大实际工程为载体，倾力培养适应新时代土建工程技术需求的大国工匠，同时丰富了以课程思政为导向的专业实践教学资源，有效解决了课堂教学和实践教学的同步育人问题。

图 1.5　艰险山区隧道"三全育人"实践基地

1.4.4 课程思政元素的延伸

在完成培养大纲课程思政贯穿的同时，土木学院试点平台还力求打通高等院校课程思政元素的延伸通道，突破院系、学校、行业的壁垒，构建服务于海域、陆域大交通建设的课程思政资源平台。

专业通识课、工程管理类课程以及大多数专业课的"绪论"部分内容与价值观、人文素养、法律法规紧密联系，思政元素大多数时候显而易见。但思政教育意义的充分发挥往往需要跨学科的知识加以补充讲解，对思政觉悟，尤其是知识储备的要求，不是目前所有的专业课老师都能胜任。因此需要建立学科之间的联系，引入一定比例的交叉授课环节，打破课程内外、甚至是校内外学习圈层，建立交叉、互通的教学模式。例如在"建筑材料"中讲述"碳中和"与"碳达峰"的时候，对于减排的原理和意义，以及碳排放对环境的影响，可以安排 1~2 个课时，由环境工程的专业人士讲解；"桥梁工程"中新建行人桥对社区功能和人文环境的改变，由工程伦理专家和景观工程的教师进行讲述，均可以收到更好的效果。

土木学院以"培养学生家国情怀、共同命运意识、大国工匠精神"为导向，为了打通课程思政校内外交流学习圈层，成立了海域陆域大交通建设课程思政研究攻关团队，团队成员主要来自西南交通大学土木工程学院、马克思主义学院以及相关军队院校，如海军工程大学等单位。土木工程学院与多所海军高等军事院校紧密合作，多角度分层次全方位解读"一带一路"倡议中陆域的"高铁走出去"和海域"海上丝绸之路"亚丁湾护航的战略格局，构建大交通课程思政建设的资源平台，服务于国家交通强国和"一带一路"的倡议，并与多所院校形成了课程思政建设互访交流机制，以服务"一带一路"人才需求为引导，为打造具有个体担当、忠诚祖国、全球视野品质要素的大思政价值观体系开辟了新局面。图 1.6 是土木学院第二期"三全育人"构建的基于"大思政"背景的课程思政建设示意图。内圈层板块中增加了"组织育人"和"实践育人"模块，将原有土木课程中涉及的能源、环境、社会影响、现代制造等交叉元素交给兄弟院系教师讲解。生产实践、社会实践中的交叉元素，则通过建立更加积极广泛的校外合作关系，通过更有深度、情境更加真实的生产和社会活动进行潜移默化的思想政治教育，与课堂理论教学的思政元素相互呼应。

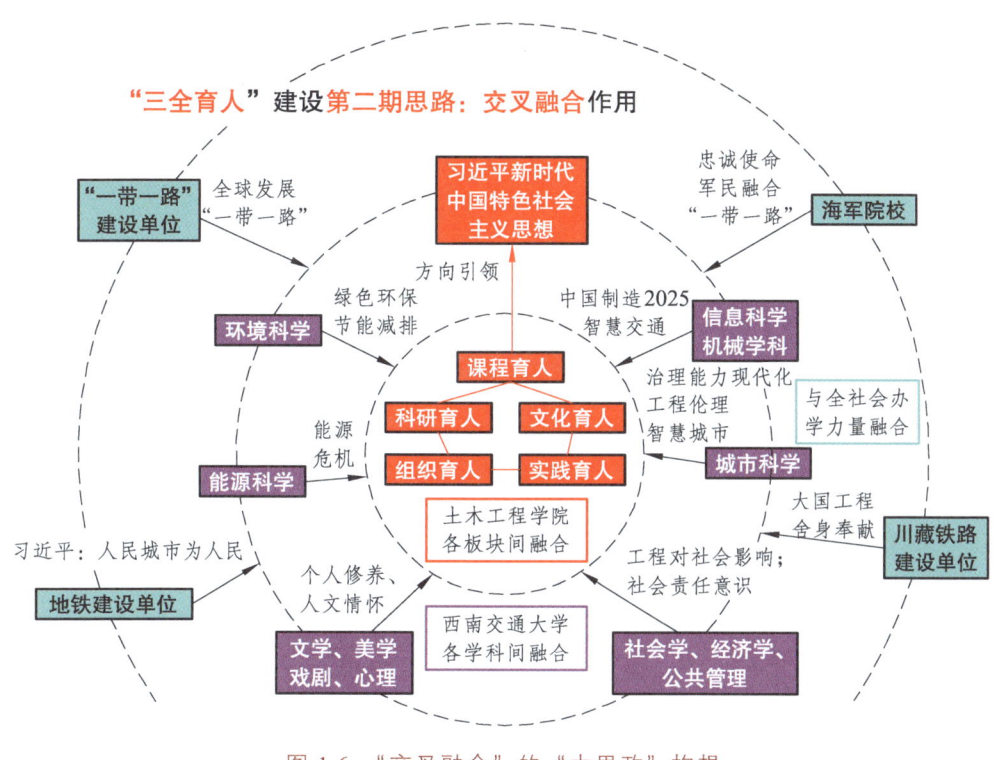

图 1.6 "交叉融合"的"大思政"构想

1.5 构建课程思政的评价监督体系

立德树人的首要条件是先立教师的"德",教师首先要做到信念坚定、人格端正。为此,土木学院先于课程思政教学,在教师的思想政治和道德作风方面建立了系统的监督评价体系。通过回归课堂本源,构建了"三位一体"的课程思政评价路径,具体解决了三个方面的问题。

1.5.1 思政元素与课堂映射

根据《教育部省(区、市)"三全育人"综合改革试点建设标准(试行)》文件的规定,要求及时修订教案,把课程育人理念贯穿教案修订全过程;对教师教案严格把关,对未包含课程育人内容的坚持"一票否决"原则;把思想政治教育元素纳入课堂教学,作为课堂讲授的重要内容。土木学院要求一线授课教师的教案中必须贯穿融入思政要素,将教学内容中反映的国家建设成就、制度优势、习近平新时代中国特色社会主义理论,及时溶解释放在教学内容中,并做好课堂教学设计,实现思政元素与课堂映射。教案中的课程思政元素的融入程度和融入质量,将作为教师教学质量考评的重要依据。

1.5.2 课堂教学与实践环节育人

优秀的教学内容还需要有效的教学方法来传递。除了通过教案体现出的授课内容中包含的思政元素，积极引导教师在课堂上通过与学生互动、利用翻转课堂、情境教学设计等方式将思政元素更有效地融入课堂教学。在课程思政的考评标准中鼓励采用先进的教学方法或教学范式承载思政元素。在实践环节育人方面，充分利用现有培养方案中课内实践环节（通常为 0.5 学分），通过施工组织设计、工程结构课程设计或 Capstone 创新实践环节培养学生的实践观，教学考核的内容专设课内实践环节的课程思政要素体现分值。另外，在独立且时间较为集中的专业实践环节，例如毕业设计实习、假期生产实践实习等环节，除了进行上述教改举措之外，还依托重大和艰险工程建设了 6 个专业实践基地，通过实地教学，挖掘重、难、险工程中的思政元素，与课堂理论教学中课程思政工作相互映照，在"学与做"的统一过程中，更好地将社会主义核心价值观根植于心。

1.5.3 教师的育人意识与育人能力同向、同行、同步的保障机制

良好的育人意识，还需要有充分的育人能力提供支撑，才能取得良好的效果。土木学院形成了以核心价值观塑造为目标，立足"五个环节"的评价制度。创新性地提出了以课程思政元素挖掘矩阵引导教学，以课程思政评价矩阵评价教学的"双矩阵"控制模式。重点解决了思政元素的提取方法和融入效果，理论和实践教学中思政元素协同互补的评价导向等问题。强化了新教师选聘、首开课建设、常规教学督导的思政引领作用，结合党建工作，形成并完善了课程思政考评的考评查制度，形成了"校-院-系-课"网络化、动态化效能评价机制。

为了将上述评价监督体系制度化，土木学院先后出台了《土木工程学院教职工思想政治与师德师风建设实施工作意见》《土木工程学院贯彻落实全面从严治党要求的实施意见》《土木工程学院教师工作考核办法》《思政教育贯穿科研全过程的科研团队评价制度》等一系列制度，有效保障了在课程思政实施过程中教师的行为示范作用，以及思想政治水平不断提高。尤其从教学效能上，实现了推动专业教学目标向价值观塑造目标转变，从重视教学结果向重视教学过程转变，从以教师为中心向以学生为中心转变。把评价过程延伸到教学课程开发、教材资源建设、教学范式设计、教学过程控制、教学效果反馈等重点环节。利用课程思政元素挖掘矩阵引导教学，运用课程思政评价矩阵评价教学。

有了制度的"抓手"，学院便可以从新教师选聘、首开课建设、常规教学督导等传统环节着力引导教师学习课程思政建设要求和执行规范，将考评机制贯穿到教师发展的全过程，促进跨课程、跨教学形式和教学单位，充分延伸，全面覆盖，动态反馈的课程思政考评体系形成。

参考文献

[1] 《习近平总书记教育重要论述讲义》编写组. 习近平总书记教育重要论述讲义[M]. 北京：高等教育出版社，2020.

[2] 教育部. 关于公布首批"三全育人"综合改革试点单位名单的通知（教思政厅函〔2018〕36号）[Z]. 2018-10-19.

[3] 教育部."三全育人"综合改革试点工作建设要求和管理办法（教思政厅函〔2018〕15号）[Z]. 2018-05-25.

[4] 中共中央，国务院. 关于加强和改进新形势下高校思想政治工作的意见[Z]. 2017-02-27.

[5] 教育部. 高校思想政治工作质量提升工程实施纲要[Z]. 2017-12-07.

[6] 教育部. 高等学校课程思政建设指导纲要（教高〔2020〕3号）[Z]. 2020-05-28.

[7] 赵磊. 从世界格局与国际秩序看"百年未有之大变局"[J]. 中共中央党校（国家行政学院）学报，2019，23（3）：114-121.

[8] 高祖贵. 世界百年未有之大变局的丰富内涵[N]. 学习时报，2019-01-21（001）.

[9] 张战. 构建人类命运共同体[M]. 北京：时事出版社，2019.

[10] 栗洪武，赵艳. 论大国工匠精神[J]. 陕西师范大学学报（哲学社会科学版），2017，46（1）：158-162.

2 工科课程思政的理论和方法研究

为了更好地将思想政治工作贯穿教育教学全过程,根据《高等学校课程思政建设指导纲要》精神,工科课程思政需要结合具体的课程,对专业课教学内容进行深度梳理,根据不同课程的特点、思维方法和价值理念,深入挖掘课程思政元素。思政元素的解读和梳理同时涉及思想政治理论和专业课理论,从思政政治理论出发,正确解读蕴含在专业课内容中的思政要点,需要进行专门的研讨和分析。土木工程学院聘请了思想政治理论专家作为指导,与本院课程思政工作组成员进行了充分的探讨和相互学习,从思政元素挖掘的理论基础、思政元素的融入路径,以及思政元素与工程教育学理论之间的关系等多方面进行了研究论证,并得到了结论。本章将上述工作作为工科课程思政的理论基础,进行了汇总,以便将取得的经验进行更好的推广。

2.1 工科专业理论教学中的课程思政建设路径[①]

2.1.1 引 言

自 2018 年 10 月教育部公布首批"三全育人"综合改革试点单位(简称试点单位)以来[1],试点单位已经展开了近两年的建设工作,其中工科院系占有相当比例。充分践行"立德树人"的根本任务,针对工科课程的教学课堂开展好课程思政,是实现立德树人目标,将"思想政治工作贯穿教育教学全过程"不可或缺的环节。根据《高等学校课程思政建设指导纲要》和教育部的相关要求[2],抓住政治认同、家国情怀、文化素养、宪法法治意识、道德修养五个重点,全面优化课程思政供给,是建设的基本方向。西南交通大学土木工程学院作为教育部首批试点单位,经过两年建设,依托专业培养方案修订[3],以及与军事院校的"三全育人"的合作经验,通过课堂教学,在价值观培养目标,探索课程思政实施的核心方法等方面取得了一定的积累和经验,本文将针对培养方案中不同课程类型的特点如何找到课程思政执行的"抓手"做分析论证。

---

① 本节主要内容已发表于相关期刊,见富海鹰、杨成、李丹妮等:《"三全育人"视角下工科课程思政实践探索》,《高等工程教育研究》,2021(5):94-99,165。

大多数传统工科的本科阶段课程主要分为四类[4-5]：① 以作为形式科学的数学和作为自然科学的物理、化学等为代表的基础课，如大学数学，大学物理等；② 以工程基础知识和原理为主的专业基础课，如材料力学，结构力学，电路分析等；③ 以工程实现为目标的知识、技术为主的专业课，如桥梁工程；④ 培养实际应用能力的专业实践课。虽然它们之间承上启下，联系紧密，但其内容或授课形式往往差异显著，课程思政元素的分布侧重不同，以土木工程专业中思政元素较为凸显的几门课程为例：作为专业基础课的"建设法规"重点突出了法律意识培养；作为专业课的"桥梁工程"可以通过"大国工程"的建造效率反映集中力量办大事的社会主义制度优势，促进政治认同，反应爱国情怀；作为通识课的"桥梁和交通干线人文景观美学"则容易展示文化内涵和美学元素。但从达到"三全育人"的目标看，仅靠上述几门思政元素较为显著的课还难以满足"贯穿培养全过程"的要求[2]，也无法通过课堂教学形成全面的价值观塑造氛围。反观美国大学长期以来注重课堂教学的价值观培养，已经从人文、社会、科学三个不同的维度，配置了丰富的课程，形成几类不同的"通识课菜单"，有效促进了价值观塑造[6]。故有必要在"三全育人"综合改革试点院系建设的平台基础上，根据建设主体的特征，梳理建设重点和"价值观塑造向度"[7]，有针对性地挖掘思政元素，打造符合专业需求和课程特点的价值观塑造路径。

根据西南交通大学和与之合作的军事院校的联合研究成果看[8-9]，大部分专业通识课、工程管理类课程与学生的价值观、人文素养、法律法规紧密联系，思政元素挖掘的难度较小。而直接以严密的数理逻辑为依据的专业基础课，或以工程技术为主的专业课和专业实践课，虽然往往在"绪论"部分可以通过工程史或行业概况挖掘一些显而易见的思政元素，但课时很少，主要的章节和课时比例仍放在具体的科学技术原理上，比较难于和当前国家政策或社会主义核心价值观建立直接的关系，思政元素挖掘的难度较大，往往偏"自由发挥"，难免"生硬植入"，容易形成口号和内容"两张皮"的状态。同时，还存在对思政元素挖掘过于宽泛，解读角度过于发散随意[10]等问题，可能出现对思政元素的错误解读。从"试点"建设情况看，如果缺乏提纲挈领的主线，不能找到统揽"全局"的理论导向和方法论，仅靠教师个人发挥，很难保证课程思政的教学质量，效果可能会大打折扣。

习近平总书记在2013年12月3日在十八届中央政治局第十一次集体学习时讲话强调"全党都要加强对马克思主义哲学的学习和运用，提高运用马克思主义立场、观点、方法分析和解决问题的能力"。工科专业课程体系综合复杂，既有基础科学，又有应用技术，同时也探讨工程和社会安全、经济、环保、伦理等的关系，其内容充分蕴含着自然属性和社会属性、主体要素和客体要素、物质和意识的辩证统一。因此，为了避免喊口号和"贴标签"式的生搬硬套，以及缺乏学理支撑的演绎[10]，有必要贯穿渗透辩证唯物主义和历史唯物主义[7]，将其为理论依据、方法论工具和逻辑主线，积极地在工科课程中挖掘思政元素，严谨地推理、演绎，从自然辩证法和历史唯物观的角度来解读和分析工程基础理论和技术知识。

一方面，由于理论基础课，专业基础和专业课，以及专业实践课程占据了教学绝大部分课时，可以基于具体的科学和技术知识，引导学生对马克思主义科学观的掌握，特别是运用马克思主义哲学认识论解决"怎么看"的问题。另一方面，培养未来的高水平工程师和一线建设者，要按照马克思主义的世界观和方法论解读自然规律和社会现象，从实践中寻找解决思想问题的办法，并从马克思主义哲学实践观的角度解决"如何用"的问题。上述两方面结合，是对思想政治课教学效果的放大或拓展，不但可以提升专业教学质量，更深化了思政课程和专业育人相结合的学理内涵。

经过近两年教学实践，"试点"单位与合作的军事院校根据不同工科类课程的特点，在以下三个方面重点尝试，取得了一定的进展：①在关于数理基础和基本工程技术知识的教学中体现自然辩证法的基本观点和方法；②在对工程技术的社会影响和历史意义探讨中体现历史唯物主义的世界观和方法论；③在专业实践课和科创实践活动中挖掘马克思主义认识论和实践观的要素。综上，本节将结合具体的教学应用案例和课堂问卷调查结果逐一论述。

2.1.2 基础课的思政元素融入方法

一般工科基础课以数学、物理、化学类课程为主干，根据专业方向不同有一定差异，以土木工程为例，还包括力学类课程、工程制图、电工学基础等[11-12]。这些基础课程的内容往往侧重基本自然规律的介绍，主体内容是 20 世纪上半叶以前的科学发现，它们绝大部分来自科学启蒙较早的西方国家，总体上难以和我国科技建设现状直接关联。基于学生在思想政治理论课中已经学习了马克思主义的基本理论，特别是唯物论中对自然现象的分析解释等，可以借此继续拓展和深化，引导学生用辩证唯物主义哲学方法认识学习基础课的具体内容，这样的"教与学"也是思政元素的挖掘和认识过程。

2.1.2.1 辩证唯物主义观的凝练

从数理类基础课内容看，基本的共同点在于以"科学"的成分为主，"技术"的成分相对较少。科学主要阐释自然界规律，主要回答"是什么"和"为什么"[13, 24]。例如，恩格斯撰写的《自然辩证法》不仅梳理、讨论、部分继承了自古希腊到十六世纪以来科学启蒙过程中重要的自然哲学概念，还对当时的热点科学问题进行了分析。作为马克思主义哲学的重要组成部分，辩证唯物主义是解释自然规律的基本方法[13]。可以借鉴《自然辩证法》的阐述方式，在基础课教学中，积极引入辩证唯物主义认识论，以提升学生从知识中总结哲学观点的能力。

【案例1：万有引力定律】

自 1687 年《自然哲学的数学原理》发表以来，万有引力定律公式：$F = GMm/r^2$ 从两个方面说明了人类认识世界的规律：① 质量积与距离的平方比 Mm/r^2，在一般低速运动条件下，是表达清晰的自然界基本原理，说明了真理的客观性，支持了人能够认识世界的唯物主义可知论。② 但是，万有引力常数 G 的测量精度仍然是物理学常数中最差的，几个世纪以来科学家们仍然在不停地测量和更新其取值[14]。这两个方面既说明真理具有客观性，也说明认识具有反复性、无限性、上升性，人对世界的认识在不断发展中更新。①和②两个部分相辅相成，体现了辩证唯物主义认识论的基本观点。

【案例2：有限元方法基本原理】

土木和机械中常用的有限元方法，所涉及的计算数学思想是通过化整为零，并利用形函数代替复杂且不易获得精确解的真实系统函数。虽然将结构化整为零离散化，又利用最小位能原理将离散结构整合到一起。虽然"裁弯取直"和真实世界有一定差距，但也利用了"加权余量为零"这样的"弱形式"来"坚守"边界条件，以确保所需要的精度[15-16]。形函数的最初选择可能因人而异，但最终都通过算法改进或模型优化不断逼近精确解。上述规律充分说明人可以从带有一定程度主观性的最初认识出发，通过反馈进而促进不断验证和改进，向认识真实世界不断迈进[13]。这与纽曼的论点不谋而合[17]，大学的目的是"教育人的心智在一切事务上很好地运用理性，去接近真理，并掌握真理"。

2.1.2.2 历史唯物主义观的凝练

基础课程涉及的自然科学史，通常在课堂上有所介绍，但一方面课时有限，另一方面受学生兴趣和考试重点内容分布影响，往往不会持续关注，学生课后整理凝练有一定难度。而和近代科学发展史密不可分的哲学和社会学观念发展，是奠定马克思主义的唯物历史观基础的重要部分，可以作为思政元素载体，尝试在教学中积极补充。

【案例3：画法几何】

工程制图是土木和机械专业的基本技能，画法几何涉及的数学知识和投影原理是其科学基础。画法几何源于文艺复兴时期的丢勒、达·芬奇和米开朗琪罗等画家所采用的"透视法"，相比中世纪千篇一律扁平化的神肖像，透视法效果更为立体真实，该时期绘画和雕塑中的神像常常取材自现实中的真实人物，需要"在写实求真与理想之间寻找一个平衡点"[18]，以透视法为基础的绘画创作从感受和认知上都拉近了人和"神"的距离，"从根本上注重了人文主义"，"是一种对人自身能力和人对历史起作用的脱胎换骨般的信任"[19-21]，批判了中世纪宗教神学自然观，很大程度上把人从神权中解放出来，对朴素唯物主义自然观向机械唯物主义自然观的发展起到促进作用[13]。它为随之而来的科学启蒙，资产阶级平权运动起到了积极的推动作用[21]。在更为进步的世界观和价值观影响下，达·芬奇之后对画法几何有直接贡献的科学家都在现代哲学或近代资产阶级革命方面有所建树，如创立坐标系的笛卡儿提出了"我思故我在"哲学观点，肯定了人作为主体的思考独立性；发表《画法几何学》的数学家蒙日作为社会活动家深度参与了法国大革命运动[22]，他们的科学成就与所持有的自然哲学观点和社会理念紧密相关。

从画法几何的早期发展史出发，将其伴随的近代科学和启蒙运动史介绍给学生（图2.1），有助于建立这样的认识，即一种具体的技术方法或一门科学的诞生发展，和所处时代人的价值观、世界观，乃至社会制度、文化艺术息息相关，相互作用，因此"科学引起的另一件事就是关于人类在宇宙间的地位的思想发生了深刻变化"[23]。

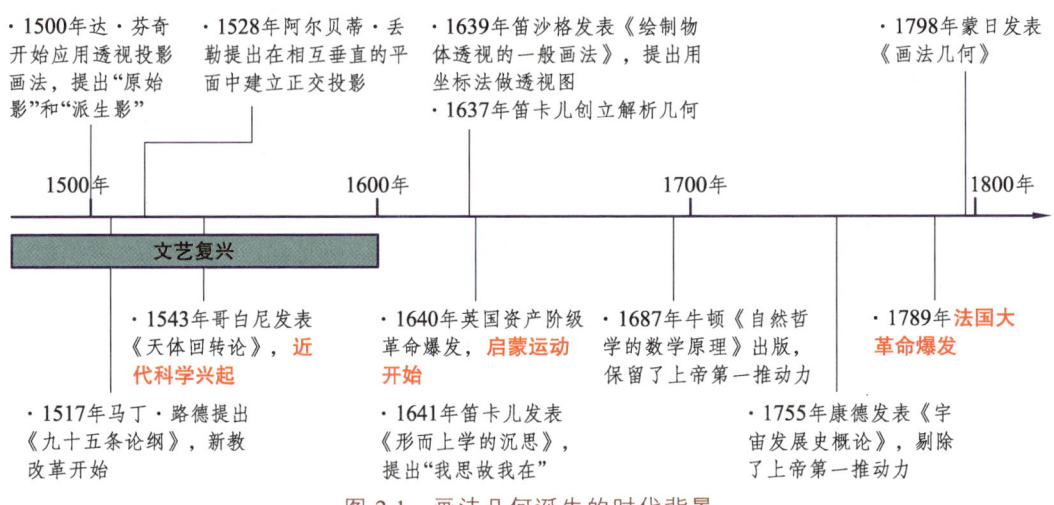

图2.1　画法几何诞生的时代背景

由此，呈现在学生面前的画法几何就不再是枯燥的绘图操作方法。科学哲学史的引入可以帮助学生树立对画法几何知识本身的兴趣，还可进一步将文艺复兴所开始提倡的"人对历史的作用"和历史唯物主义观点进行比对，最终让学生认识到人民群众是历史的创造者，人是认识世界和改造世界的根本力量。

《高等学校课程思政建设指导纲要》指出，理工类课程要"把马克思主义立场观点方法的教育与科学精神的培养结合起来，提高学生正确认识问题、分析问题和解决问题的能力"[2]。自然辩证法作为辩证唯物主义自然观，是马克思主义科学技术哲学。从历史上看，与近现代科学密切相关的哲学起源于古希腊，在文艺复兴后期实现了科学与宗教的分离，直至科学"在十七世纪收到极其壮丽的成功"[23]，其中很多重要的哲学观点和概念都为马克思主义哲学所扬弃，它在更高的层次上"回到了希腊哲学伟大创立者的观点"[13]，推动了人类自然观的发展进步。通过上述内容的引入，学生认识到，马克思主义哲学在创建和发展过程中的批判继承，注重实证，强调认识的发展，反对终极真理等观点本身就凸显了科学精神。引用罗素对马克思的评价："他总是积极希望讲求证据，从不信赖任何超科学的直观"，马克思的观点"里面包含有极重要的真理成分"[23]。

综上，除了用历史唯物主义观点解读科学史外，应特别重视在专业基础课教学中强化对辩证唯物主义观点和方法论的运用，解决认识自然世界"是什么"和"为什么"的问题。上述方法也可以推广到专业课中，从技术和工程的范畴解决"怎么办"和"完成建造"的问题[24]。

2.1.3 专业课的思政元素挖掘

Samon Nashon 认为"教师要有能力根据情境的需要开发课程"[25]，专业课的思政元素融入方法，需要依托三类实际教学情境。① 厘清工程对象的工作的基本原理，属于"科学"范畴，即继续研究"是什么"和"为什么"，例如，钢筋混凝土构件受收缩徐变影响的开裂机理是什么？② 应用专业知识解决具体问题，是"技术"的范畴，即回答"怎么办"。例如：如何完成一个同时受到轴力和弯矩作用的混凝土竖向构件设计？③ 理解专业知识的社会需求和对社会发展的影响，即从"哪里来"，到"哪里去"。例如：为什么要发展中低速磁悬浮轨道交通？高速铁路对城市圈层发展有哪些影响？核动力舰船在现代海权和地缘政治演变中起什么作用。另外，还有一些强调动手能力培养的综合性实践，类似 Capstone 这样的课程[26]，需要综合上述三个部分的内容完成，属于"工程"的范畴，讨论建造的问题，例如：完成一个校内景观小桥的设计、施工、维护方案[27]。

2.1.3.1 从自然辩证法角度提炼专业课思政元素

工程技术中蕴含着科学原理，上述内容①②部分仍可以从自然辩证法的角度凝练思政元素，例如沥青路面材料的刚性和柔性、松散与胶结所满足的不同性能需求以及相互转化的关系；混凝土偏压构件随着偏心距的变化，轴压对抗弯在有利和不利作用之间转化的规律。但由于技术知识的比重在专业课阶段的扩大，还有必要从历史唯物主义的角度认识到技术是自然属性和社会属性、主体要素和客体要素、物质和意识三者的统一。

1. 工程技术自然属性和社会属性统一性

专业技术教学中，往往较为突出技术的自然属性，对社会属性认识往往较少提及或认识不深。引导学生认识二者的辩证关系，对正确的科学技术观和工程伦理观形成有重要意义。

【案例 4：高速铁路的建造】

高速铁路作为现代工程，需要利用自然界的物质、能源和信息，并遵循自然界规律才能得以建造；在建成的高速铁路的过程中开通隧道，平整场地，利用自然并改变了自然，这是高速铁路的自然属性。同时，高速铁路还通过大幅度提升运输能力和效率，实现了统筹城乡和区域发展的战略需要，正在解决我国地区之间发展不平衡这一主要矛盾。出于对这些社会属性的考虑，引导学生比较不同交通工具单位能耗下单吨重量的运输距离差异，以及在客运能力和城市圈常住人口规模之间建立相关性，可以分析中西部铁路网需求和未来布局，又可以更好地指导未来的铁路建设，例如对高铁的运营时速、线路走向、基础设施设计等自然属性产生影响[28]。可以引导学生认识到技术的社会属性，以及"技术是适应社会发展需要的产物"[13, 24]。

2. 工程技术主体要素和客体要素统一性

【案例 5：土木结构的概念设计】

复杂而精确的现代土木结构设计不可避免地需要计算机的辅助进行设计，作为工业化时代追求生产效率的导向，计算机的设计结果往往直接成为设计决策的重要依据，工程人员越来越依赖计算机。但"设计师除了追求效率，还有主动追求建筑结构形式的优雅、和谐，并配合建筑造型产生令人思考的体验"[29]，需要设计师在机器之外有主观思考和精神活动。

林同炎在《结构的概念和体系》中指出，即便面对大型复杂的结构，基于对结构基本力学行为的正确理解，不借助现代计算工具的手工简化计算或估算，也仍然扮演重要的角色，并且认为它们是"作为基本形式决定因素的概念设计之关键"[29]。

从结构概念设计的思想和方法中我们容易看到，在复杂工程的建造中，以经验、规则等为代表的主观因素，与以工具、机器设备等为代表的客观要素存在的统一的辩证规律。这两种因素在设计的不同阶段起不同的主导作用，在方案设计阶段，以主观因素为主的概念设计比重更大；在具体的精确设计和施工实施阶段，试验工具和计算机分析的比重逐渐上升，在复杂和精确度要求较高的阶段，试验工具和计算机分析往往是最主要的工作。

2.1.3.2 与国家政策和社会需求直接相关的思政元素挖掘

仅仅从科技或经济规律的视角挖掘课程思政元素，固然有助于培养学生科学探索的求真精神，但这并不是全部。习近平总书记强调："具有强烈的爱国情怀，是对我国科技人员第一位的要求。"[30]专业课内容涉及的工程和技术问题往往和国家政策有直接关系，可以直接结合建设成就、工程经验或教训，从政策宣传中直接摘取思政元素，以贯彻当前党和国家的大政方针，也可以根据具体内容从凝练历史发展规律的角度，用历史唯物主义的视角分析问题。

1. 从建设历史看国家发展历程

【案例6：高层建筑结构设计】

在"高层建筑结构设计"课程的绪论部分，往往需要对典型的高层建筑进行介绍，并对国内外超高层建筑结构的发展进行分析。在专业知识传授之外，还需要构建社会理性精神，凸显追求社会理想和家国情怀。过去认为高层建筑结构对于城市的意义通常是形成更集中的商业圈，同时作为城市繁荣发达的象征。但通过梳理近年来城市超高层建筑的数量变化、城镇化率、国内生产总值（GDP）之间的关系，再结合党和国家的大政方针，以及当下更为真实的社会需求，可以引导学生进一步理解：高层建筑的建造，不仅是城市财富积累和繁华程度的体现，利用高层建筑实现更高的用地效率，在有限的城市用地和适当的城市扩张条件下，是提升我国城镇化率的重要举措之一，而城镇化对于加快产业结构转型升级，加快服务业发展有直接推动作用，对于解决城乡二元结构、推动区域协调发展有重要意义。而由GDP体现出的经济增长为推动城镇化率提供经济支持，城镇化率的提升又反过来促进经济发展，往往通过经济增长数据体现出来。

在此基础上，布置课后作业，鼓励学生比较我国超高层建筑数量、城镇化率、GDP的历年增长变化曲线之间的异同点，加深学生对于学习高层建筑结构对社会影响的印象。

在高层建筑制造"繁华"之外找到更深刻的社会意义，不仅有助于强化社会认知、公共精神和社会责任承担，而且在基建投资、城市化率、产业结构调整与经济发展的关系阐述中可以引导学生在对本专业的社会影响认识中建立历史唯物主义观点。

2. 从建设成就看社会主义制度优势

【案例7：新旧社会的铁路与桥梁建造效率】

大多数情况下桥梁工程历史重在介绍成功建设的过程，但由于历史条件所限，旧中国很多工程多次动议，多次放弃，例如：武汉长江大桥从1906年到1935年，29年里7次提议，7次搁置。而新中国仅一次动议，从1950年开始筹备到1957年建成通车只用了7年时间[31-32]。成渝铁路从1903年清政府提出川汉铁路西段意向，到1949的46年里寸轨未铺。新中国从1950年动工，到1952年铺轨完成，只用了2年时间[33]。新旧两个社会建造效率的差异，凸显了社会主义制度的优势。尤其在公私合营改造完成后，社会主义集中力量办大事的优势在各项重大工程的建设规模和速度中更进一步体现出来[34]。可以引导学生从历史唯物主义角度认识问题，符合时代进步的政治制度，有助于解放劳动者生产积极性，从历史唯物主义的视角看，先进的生产关系和社会制度促进了生产力的发展。

【案例 8:"里程碑"式桥梁的历史意义比较】

对于不同历史时期或不同国家的工程案例,往往以技术参数、结构类型为主线来体现工程技术进步,但较少地对历史背景和其社会意义进行梳理。为了体现思政元素,鼓励学生更换知识逻辑串联的主线,从其他角度来梳理知识点之间的相关性并重新架构知识,有助于学生对既有知识建立新的认识。

重新组合一门课程的部分知识主线,以方便挖掘课程思政元素的办法,可以借鉴布鲁纳结构主义"注重知识之间的联系""学科的结构不是只有单一的模式"等思想[35]。以桥梁工程课为例,关注桥梁建造的历史关键节点、社会背景、历史作用,基于已经报道的桥梁工程实例,布置课后作业,要求学生选取典型桥梁,搜集资料,凝练工程历史和建造意义。有学生作业以表格形式总结了三座"里程碑式"大桥(表 2.1),它们修建于不同历史时期,其建造规模、自主建造程度、历史意义虽有很大区别,但总体上都反映了从旧中国民穷国弱、备受欺凌,到新中国成立初期克服封锁困难,独立自主奋斗,到改革开放后科技水平和国力的全面提升。除了对三座大桥的结构形式和施工方法有所了解外,尚需理解:① 钱塘江大桥的"建"与"炸",恰恰说明仅靠勤劳智慧的建设者,还不能圆"大桥梦"。没有独立的国家主权、强大的国防力量、先进的社会制度为保障,建成的桥也难以存续;② 武汉长江大桥作为第一个五年计划结束时的标志性成果,"天堑"变"通途",不仅仅是跨越长江,体现的更是农业大国通向国家工业化的"途",是"立国之桥";③ 而港珠澳大桥从基础建设上为打开"一国两制"的新局面奠定了物质基础[36],大湾区经济从过去依靠港澳的引领作用,变为了大湾区协同发展。

表 2.1 课程思政作业——三座桥梁的建造背景比较

桥梁名称	长度(米)	时间	自主建造程度	建造的背景和意义	评价
钱塘江大桥	1 453	1937	中国人自主设计施工,原材料来自国外	旧中国一穷二白,但有爱国知识分子。国防薄弱,建好三月后被迫炸桥以阻挡侵华日军进犯	茅以升说:"不复此桥不丈夫。"
武汉长江大桥	1 670	1957	设计、材料、工艺、设备均来自国内。聘请了 25 人的苏联专家团进行指导	新中国全面建设,开始形成自己全套的工业化体系	毛泽东说:"一桥飞架南北,天堑变通途。"
港珠澳大桥	550 000	2018	完全自主建造,技术世界领先	两个百年日益临近,民族复兴,国家现代化的目标即将实现	习近平说:"这是一座圆梦桥、同心桥、自信桥、复兴桥。"

有学生在作业表格后面总结："三个时代，三座桥，体现的不仅是土木工程史，还是百年强国史，社会主义制度发展史……"有学生引用了习近平总书记的评价："历史是最好的教科书，也是最好的清醒剂。"[37]

为了避免将对工程案例的介绍仅仅停留在以时间为顺序，单纯的"年鉴式"工程史身上，有必要结合建造期所处时代的社会或政治环境分析其社会意义，并举一反三建立和其他工程的联系，以寻求历史和逻辑的统一，从历史唯物主义的视角看成果，看教训，看发展。

2.1.4 专业实践课的融入方法

工科专业实践课是将课堂理论知识转化为实践能力的初始环节，有助于对理论知识建立切身感受，但目前实践类课程的试验或制造方案大多是预设的，也有相对标准的答案用于校验和评分，这对于引导学生认识到实证主义在科学独立过程中的地位有一定意义。但近年来，答案不唯一，注重探索和创新能力培养的实践类课程逐渐受到重视[38]，诸如 Capstone 一类的课程更强调个性方案建造实施，以及工程综合影响分析，提供了很好的契机[26]，可以引导学生从马克思主义认识论的角度分析工程问题，明确认识和实践之间相互作用的辩证关系，建立正确的真理观。

【案例9：创新设计竞赛】

以一次国际大学生抗震设计挑战赛为例[39]，设计一幢医院高层建筑，经历振动台测试，以证明其抗震性能。经过组织学生回顾、梳理、总结，借用了辩证唯物主义认识论相关方法，重新解读竞赛过程如图 2.2。

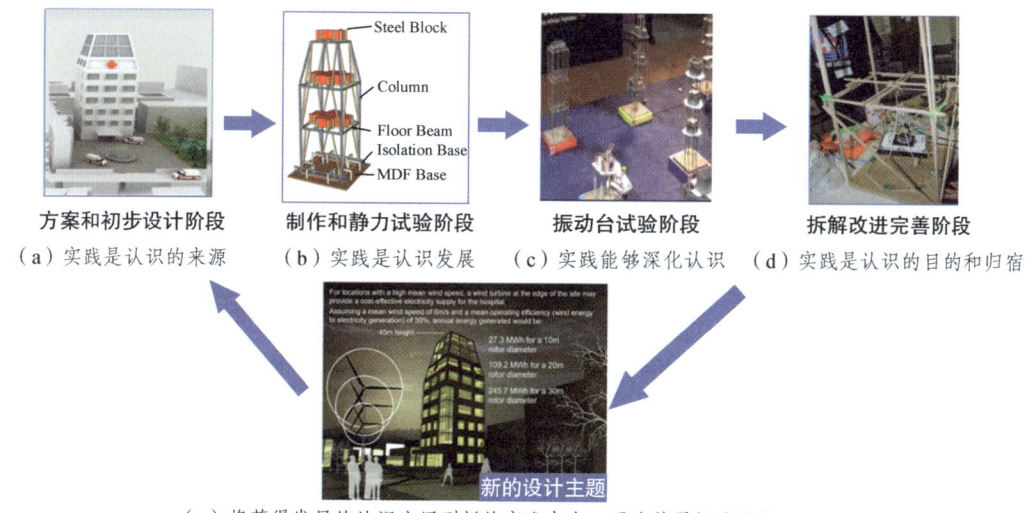

图 2.2 以抗震设计创新竞赛为例的认识论分析

① 第一阶段：实践是认识的来源。这阶段的工作主要是查阅资料，调研实际工程，提出基本设计方案。此时学生从文字和图像资料阅读了解建造过程中可能遇到的问题，按照工程需求给出基本设计方案，进行讨论或征求意见（图 2.2a）。虽然还没有进入真实房屋建造的实践阶段，但从资料中可以大致了解前人在历史上建造过程中的主要问题，这样的认识来源于前人实践和改造客体的过程，所获得的知识，正是前人实践中积累的认识，体现了"实践是认识的来源"的认识论基本原理。

② 第二阶段：实践是认识发展的动力。这一阶段是模型制作、静力荷载试验、模型调整阶段。学生通过设计软件细化详图设计，并动手制作模型，对材料选择，结构和构造设计有切实的认识（图 2.2b）。根据地震作用，进行简化的静力加载试验进行设计、调整和校核。软件和静力加载设备作为前人实践积累的创造成果，这些认识工具延伸了人类的认识器官，如电脑和软件提升了计算速度和绘图精准程度，试验设备提升了试验荷载等级和加载精度，提升了人的认识发展，体现了"实践是认识发展的动力"的认识论基本原理。

③ 第三阶段：实践能够深化认识。将模型交付模拟真实地震作用的振动台试验的竞赛现场（图 2.2c），观察在模拟地震作用下房屋结构是否抗震，探明抗震或破坏的机理，并通过房屋结构的动力表现改进、完善设计。这说明初始的设计方案作为主观认识的体现，需要结合模型制作和试验结果这样的客观实践来检验。真实的振动台试验结果，无论是合理的结构经受住模拟地震考验，还是不合理的结构在地震影响下破坏，都体现了"实践能够深化认识"的认识论基本原理。

④ 第四阶段：实践是认识的目的和归宿。经过模拟地震作用测试后，进一步提出房屋结构的改进方案，并通过在欧洲实地走访建筑节能的获奖建筑，对木结构的建筑防火性能，以及基于新材料的楼盖系统，进一步完善设计，并为今后的相关建筑提供设计指导参考意见。在此基础上提出了改进后的新方案（图 2.2d 和图 2.2e）。回顾之前所有步骤，"认识从实践中来，最终还要回到实践中去"，体现了"实践是认识的目的和归宿"的认识论基本原理。

2.1.5 教学效果分析

基于上述课程思政的教学改革措施，针对自然辩证法在基础课学习中的作用、工程史中体现的历史观和科学观等议题，以"高层建筑结构设计"以及"建筑结构课程设计"两门课作为试点课程。其中高层建筑结构设计以理论讲述为主，建筑结构课程设计以动手实践为主。在"试点"实施前的 2018 年与实施后的 2019 年两个学年进行对比问卷调查。其中 2018 学年两门课合计授课人数为 134 人，2019 年为 111 人。在一学期时间里进行了 3 次调查，每次 2 个问题，并事先向学生解释问题的内涵，保证问卷文字意图传达准确，每次出勤和答题人数如表 2.2 所示，答题结果如图 2.3 所示。

表 2.2 问卷调查抽样完成情况

调查次数	序号	问题内容	2018 年度问卷情况	2019 年度问卷情况
一	1	是否增加了对科学史或工程史的关注度？	出勤 129 人，收回问卷 127 份	出勤 107 人，收回问卷 103 份
	2	是否增加了对不同历史时期国家产业政策的关注度？		
二	3	是否思考过社会制度差异对工程技术发展的影响？	出勤 121 人，收回问卷 117 份	出勤 105 人，收回问卷 102 份
	4	是否尝试用自然辩证法分析专业科技问题？		
三	5	是否关注科创实践活动对专业理论水平提升的促进作用？	出勤 130 人，收回问卷 126 份	出勤 106 人，收回问卷 99 份
	6	是否开始有意识地尝试区分科学、技术、工程？		

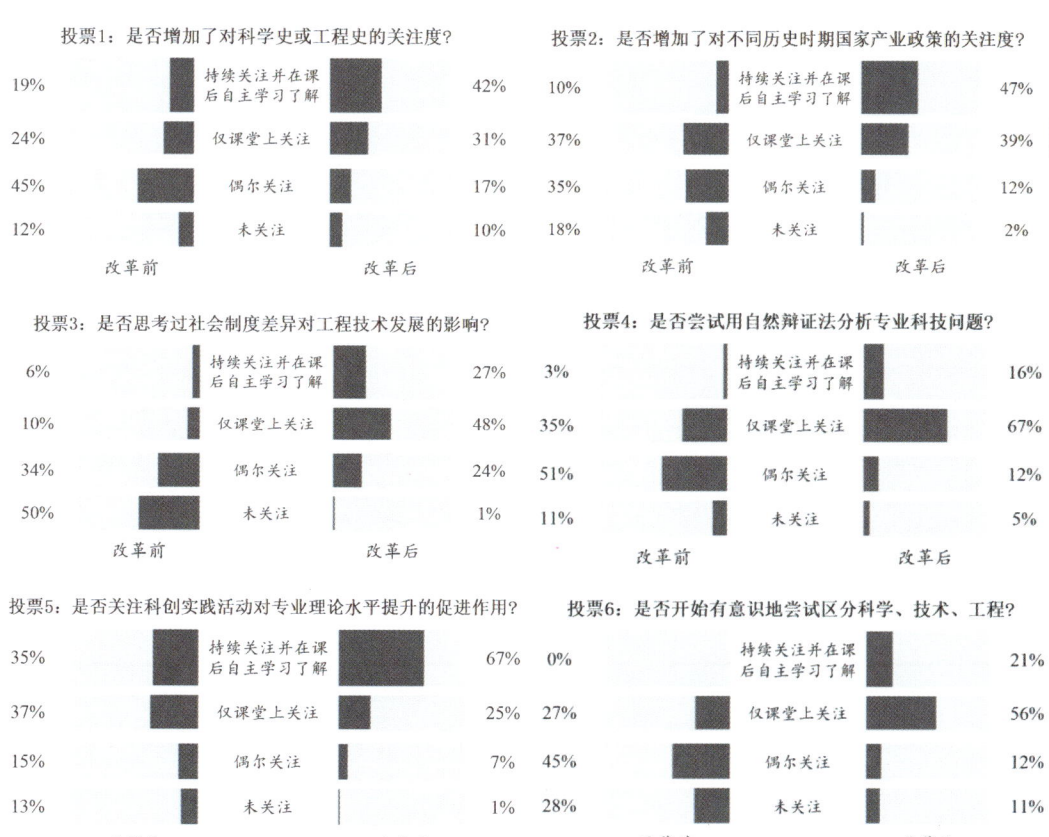

图 2.3 问卷调查反馈情况

2.1.6 结 语

为了找到工科课程思政实施的抓手，基于"三全育人"综合改革试点的课程思政教学实践，针对工科培养体系中不同类型课程的特点，提出：① 在数理类基础课程上侧重运用辩证唯物主义的自然观、科学观分析和解决问题；② 在专业理论课上侧重从历史唯物主义的角度分析工程的社会影响，解读工程发展史和建设成就；③ 在专业实践课上特别需要体现辩证唯物主义认识论和实践观。本节内容给出了不同类型课程的代表性案例和解读方法，根据教学效果的问卷调查统计结果看，所提出的课程思政元素挖掘方法有显著的教学效果，上述方法为课程思政如何结合具体的工科教学内容提供了参考。

2.2 工科专业实践教学中的课程思政建设路径

2.2.1 引 言

根据习近平总书记关于教育方针的讲话，以及教育部关于课程思政建设的具体要求，课程思政已经成为将思想政治教育贯穿人才培养体系，发挥好课程育人的主要举措。根据《高等学校课程思政建设指导纲要》[40]，为了在文化知识教育中践行立德树人，将价值观传递融入知识传授和能力培养过程，引导学生树立正确的世界观、人生观和价值观，需要深入挖掘各类课程和教学方式中蕴含的思想政治教育资源。三全育人综合改革和课程思政先后成为教育部 2019—2021 连续三年的年度重点工作[41]，经过一段时间的推进，工科院校通过培养方案修订、教学能力培训和经验交流、监督评价机制建设等举措，课程思政建设已经取得了初步成效。尤其在以理论教学为主的课堂讲授环节，一些工科试点院系陆续成功建设了课程思政示范课、优秀案例集等。但作为培养方案必不可少的环节，如何在专业实践训练环节中落实课程思政，其建设和研究成果还比较有限。

专业实践环节是工科毕业生核心能力培养的重要构成[42]。从目前新一轮完成修订的各类工科培养方案看，专业实践环节的平台建设和课时要求，都呈逐渐加强的趋势[43-44]。一方面，随着教学资源和技术的丰富，以及教师素质的稳步提高，工科专业实践训练的平台、内容和教学目标都有了长足发展，课程目标的达成方法也呈多样化；另一方面，专业实践课教学质量评价和保障要求也逐步提高。在"三全育人"大背景下，如何在专业实践环节充分挖掘思政元素，达成"润物细无声"的隐形教育效果，让学生在实践训练中坚定理想信念，实现价值观认同，是课程思政建设逐步进入"深水区"需要面临的问题[45]。西南交通大学土木工程学院作为教育部首批"三全育人"综合改革试点单位，自 2019 年起，已经相继在川藏、成兰、福厦等六个国家铁路干线的艰险、特大工程施工现场设立了专业实践课程思政基地，以充分探索在工科专业实践环节中提升学生思想政治素质的有效方法。

需要注意的是，专业实践课的认知路径和教师教学方法与理论课之间存在显著差异[46]。因此，需要从实践和理论课二者间的共性和差异入手分别加以分析。从共性看，专业实践与理论教学都要针对具体的教学对象、教学内容、教学形式和教学方法，通过精准的教学设计，有效而准确地传递社会主义核心价值观的立场和内涵，帮助学生学会从马克思主义哲学的视角观察、分析、解决问题[47]。从差异看，工科学生在工程技术实践过程中，可能直接参与研发、设计、生产甚至贸易活动，他们的学习活动与现实世界之间的接触与反馈更加直接，因此对学习对象的认识过程，不完全来自教师的讲解，甚至和最初的教学情境预设也存在差异，这和课堂理论学习主要通过老师的事前准备与现场口述，并按照教学情境的预设实现认知的方式有所不同。

对于实践课学习方法的特殊性，马克思主义的实践观已经充分阐释了认识和实践的辩证关系，物质实践作为人类历史最基本的决定因素，直接制约了社会、政治和精神生活[50]。学生在实践过程中发生的认识变化，甚至意外发现，都是物质实践推动认识最基本的表征，而这个"认识—实践—重新认识"的过程在传统的理论课堂上不仅难于实现，而且无法达到实践课的效果[48-49]。因此，从马克思主义的实践观教育入手，引导学生在实践活动中通过探究学习、反馈思考、改进认识的过程，掌握科学的世界观和方法论，培养正确的价值观，是利用好工科专业实践课的平台，提升课程思政效果的重要任务。

本书从专业实践课的特点与马克思主义实践观内涵的关系入手，基于建构主义背景，借助情境教学的基本理论框架，梳理了工科专业实践教学的课程思政实施路径；以工程和材料相关的专业实践项目作为案例，展示了情境教学中思政元素的融入过程，给出了教学效果分析；最后对马克思主义实践观融入工科专业实践课的教学方法，以及课程思政在专业实践中的发展进行了展望。

2.2.2 从马克思主义实践观看专业实践内涵

课程思政的宗旨在于立德树人，思考培养什么样的人，触及人的本质。马克思主义的基本原理认为："现实的人"的本质特征是实践；全面的实践活动是全面认识活动的基础。以人类社会实践活动为内涵的实践唯物主义，是辩证唯物主义和历史唯物主义的统一[50]。以专业理论为指导的实践学习是整个工科人才培养链条中最接近物质实践的环节，如何依托专业实践课的构成要素，培养学生的辩证唯物主义观和历史唯物主义观[51]，特别是强化唯物主义实践观认识，是避免松散地堆砌宣传口号，在专业实践课中产生课程思政实效的关键。

目前的实践教学改革恰恰存在这样的空间。一方面，新工科改革的培养专业实践要点新纳入了诸多非工程技术方面因素[52]。马克思主义基本观点认为物质生产实践决定了社会经济、政治、观念结构，以新工科要求的毕业生素质为例，其所涉及的生存环境、健康安全、伦理道德、可持续发展等，都直接着眼于社会生活本身。例如海外铁路建设中的选线环节可能需要考虑对当地政治格局的影响[53]，例如城市规划和标志性建筑选型需要考虑对社会观念或生态环境的影响[54]。可见工科培养的教学内容和素质要求之间已经存在物质实践对社会生活影响这样的逻辑关系，故可以将"能力培养点"，如毕业生素质要求，作为实现马克思主义实践观融入路径的切入。

另一方面，工科实践课的教学设计尚需依赖具体的教学理论方法。在以行为学和心理学为基础的认知理论快速发展的今天，符合认知规律的先进教学方法，不仅是有效学习专业知识的路径，也是思政元素的融入路径。建构主义背景下基于情境的教学方法有助于在教学情境创设、信息资源设计、自主学习设计、协作学习环境设计和效果评价等所有步骤上融入思政元素[55]。故可以尝试以切合需求的教学理论框架承载思政元素，分步骤、分方面地引导相关的思政元素自然融入实践学习内容。

综上，充分利用能力培养要点和教学设计步骤，承载以马克思主义实践观为线索的思政元素融入路径，是在专业实践教学中实施课程思政的基本方法。

2.2.3 基于毕业要求和情境教学相关性的思政元素分析

专业实践环节需要形成对知识的综合运用和多维度学习的能力[56-57]，因此高年级的专业实践目标往往与毕业要求较为接近，虽然不同的专业实践课程之间学习目标略有差异，但为了便于叙述和分析，本文将结合中国工程教育专业认证协会的毕业要求，部分参考《华盛顿协议》，将其作为专业实践的能力要求，与情境教育要素和思政元素进行对照分析。

2.2.3.1 毕业要求和情境教学特征的关系

毕业生素质要求和教学方法相关性分析是确保"训练得法"的前提。

一方面，随着新工科改革的建设进程，相当一部分高校对培养方案进行了修订，并根据中国工程教育专业认证协会的《工程教育认证通用标准解读及使用指南》[58]（简称《指南》），明确了毕业生要求（表 2.3），针对课程的不同对所包含的素质点有明确要求。

另一方面，每门课程通常都要采用具体的教学方法，或有一个教学实现路径的设计，而目前对具体的教学方法和毕业生素质的关系归纳还较少，因此需要根据教学方法的构成环节筛选合乎实际的毕业生素质要求。

以情境教学法为例，其构成的四大要素是"情境、协作、会话、意义"，根据既有的情境教学方法总结和案例展示[59-60]，表 2.4 给出了这四要素主要对应的毕业素质，可以看作是情境教学方法要素和工科毕业生素质的关系。

表 2.3 《指南》中的毕业生要求

GR1	GR2	GR3	GR4	GR5	GR6
工程知识	问题分析	设计/开发解决方案	研究	使用现代工具	工程与社会
GR7	GR8	GR9	GR10	GR11	GR12
环境和可持续发展	职业规范	个人和团队	沟通	项目管理	终身学习

表 2.4 基于情境的专业实践教学背景下素质要求与实践观思政元素

情境教学要点	情境（Situation）	协作（Collaboration）	会话（Conversation）	意义（Meaning）
毕业生素质	GR1，GR2，GR3，GR4，GR5，GR6，GR8	GR7，GR9	GR8，GR5	GR3，GR5，GR6，GR7，GR10
基于实践观的思政元素	（1）实践的基本内容和实践形式 （2）实践和认识的关系 （3）认识的反复性和无限性	（1）作为实践基本形式的生产分工和社会关系 （2）社会分工的生产力属性	物质实践对社会生活、政治生活和精神生活过程的制约作用	

1. 情 境

"情境"的选择和设计部分，毕业要求的 GR1～GR5 部分，主要侧重知识重构和具体的技术应用。从既有研究看，实践类课程，无论是国内的专业实践环节，还是国外的综合实践课程，也称顶石课程（Capstone Course），又或者是工程高级实战项目（Senior Capstone Program in Engineering，SCOPE）都需要进行知识重构，以便应对复杂工程问题。

华盛顿协议和我国《指南》都给出了"复杂工程问题"的具体定义和特征要素。这种复杂性在于学习中面对的问题往往并非传统理论课堂上经过雕琢的"结构良好"问题，这里"结构良好"指的是"预设条件完备，分析模型理想"，而现实中可能以"结构不良"问题居多[61-62]，它需要集成多门课程的知识，往往要依赖非常规、创造性的解决方法。这样的情境预设需要有针对性地设置具体而合理的"缺陷"，它在现实中往往"有迹可循"。后文将以美国土木工程协会举办的大学生轻舟赛为例，用混凝土材料，而不是传统的木材或轻钢造船，这就是典型的情境"缺陷"。

表 2.4 将 GR6～GR8 也纳入"情境"要素的原因在于，对社会、环境和发展的观察是情境教学的原理建立的基础。Lave 和 Wenger 认为"学习本身就是一个社会现象，它通过有经验的、生活在现实世界中的人们通过合法地参与正在进行的社会实践（legitimate peripheral participation）构成"[63]。所以，从情境学习对学习行为本质的理解看，它本身就是实践、社会、参与和发展结合的产物。从这个角度看，完全贴合实际工程的实践教学本身就是一种情境教学范式。

另外，GR12 也可以在情境设计中体现，因为动态的社会生产和发展所展现的学习情境是不同的。Lave 也认为"实践理论中的情境学习不同于其他方法，因为参与社区以及在社区内的认知和交流，本身就处于持续活动的历史发展之中"。例如我国大力发展的基础设施数字化[64]，如何在虚拟平台中观察基础设施性能的动态演化，使其可读取、可评价、可监控，尚无"最优解"，需要根据大数据和人工智能时代的具体发展不断地对数据需求进行更新，其教学情境的搭建不仅要有技术前瞻性，以考虑技术发展带来的情境改变，而且数据的动态演化特征本身就是学习内容之一[65-66]。

2. 协　作

"协作"要素中不仅包含 GR9，也包含 GR11，管理和群体决策是生产协作不可或缺的成分，科斯认为决策成本就是交易成本的一部分，是社会协作生产的体现[28]，Russel 以厄勒海峡隧道的建造案例证明，大型工程实施中的协作、会话和换位思考本身就是工程管理的一部分[68]，此时 GR9 和 GR11 有从属关系，故将它们共同纳入情境教学的"协作"要素。通过情境预设模拟的生产实践中，社会分工和管理既有生产关系属性，又有生产力属性。

3. 会　话

GR10 和 GR12 一起被纳入"会话"要素，除了沟通本身具有会话特征外，情境学习基本理论认为，学习是"合法外围参与"，有动态特征[63]，学习内容在参与和角色配合的发展中获取，沟通和会话是不断更新的实践，以实现终身学习为前提，是一个和社区不断"会话"的过程。

4. 意　义

对学习"意义"的分析和评价无法脱离对社会和发展的影响，并需要对与职业规范的关系进行解读。这种对学习的意义和对学校效果的评价，很大程度上源自解释学习和一般性社会活动之间的关系。

Lave 认为，随着现代化进程，想获得广泛而深层次的丰富知识日趋困难，当学习行为的专业生产或商业归属特征增强的时候，实际上阻碍了学习的可持续发展[63]。因此，对学习意义的评价需要兼顾对终身学习能力的影响，以避免其仅仅满足短期目的。

同时，情境教学从活动情境设计一开始，就反映了其对于学习意义的协商特征（negotiation characters of meaning），它是学者将自我纳入情境，开展认知的过程，而不仅仅是单向"接受"学习对象的知识。

例如，美国马萨诸塞州大学波士顿分校课程核心能力要求中包括：培养关于"道德社会问题的文化嵌入性"的批判性意义[69]，即对社会和道德因素不仅要学习，而且要评价或批判，反思意义。可见对"意义"的强调，有助于深化对专业实践的社会、环境和发展印象的认识，避免GR6和GR7环节停留在知识照搬或"人云亦云"上。

2.2.3.2 情境教学特征中的基于马克思主义实践观的思政要素

1. 情境创设中的认识论思政要素

由于情境的搭建往往具有"结构不良"的特征，意在引导学生通过完善情境认识自行搭建知识结构，认识并解决核心问题。

关于情境教学的主要论著均认为，它有从观察分析到猜测探究，再到验证结论以建立认识的过程。情境教学与生俱来的探究特征，加之其对知识的重构特征，验证了马克思主义的认识论与实践观，饱含丰富的哲学思政元素。实践与认识是相互依存、相互转化的关系，认识世界包括研究、观测、调查和科学实验，以认识世界为活动目的，这与情境教学的研学特征不谋而合。例如，认识的能动性表现为有意识和有目的地去认识，所以情境创设被要求必须和学习主题密切相关。认识的能动性还表现为主动的、创造性的活动。这在既有的教学模式中，如观念转变情境教学模式中的"引导学生构建自己的理论"，支架式情境教学模式中的"独立探索"都有直接体现[61-62]。

为了突破既定的情境预设，往往需要知识重构，可以引导学生理解马克思主义认识论中关于认识的反复性和无限性的观点。例如情境教学理论中的观念转变教学模式认为对现有知识或概念的不满是促进学生观念转变的必要条件之一，促发这种改变的根本原因是原有认知和现实世界的不一致[61]。例如工科实践中关于理论模型和实际工程之间的差异，常常是引导学生在"主次要因素"分析、误差分析、模型修正方面重要的起因[70]，而教学目的都是培养学生完善模型或更好地处理工程实际问题的能力。

2. 协作、会话和意义建构中的实践观思政要素

学习中的协作和会话的必要性还需要从实践观的角度加以论证。一方面，认知的无限性，不局限于对单个问题的"刨根问底"式探究，还包括增加认识的维度和视角。情境教学方法中的认知弹性（cognitive flexibility）理论，不仅要求给学生提供自主知识建构的基础和空间，而且要求学生从不同的角度观察分析，从不同的社会需求或工程需求检视知识学习或实践的成果。另一方面，而案例的草拟和概念的阐释往往具有交叉性（spiro-decussation），学习目标的达成过程是非线性的，按照Sprio的观点，这

两种特征决定了学习成果的意义评价需要通过对话达成[61]。从这个角度看，认识本身也有其自身系统，认识过程有层次性协同。最后，当从理念上对认识世界和改造世界的"协作与会话"之必要达成共识后。就需要通过工程案例帮助学生建立具体认识。

按照实践唯物主义的观点，将人的活动结构分位实践活动结构和社会结构[71]。从实践结构上看，实践小组成员合作往往模拟了社会化大生产协作，而生产协作的本质是物质交往的一部分。例如桥梁跨度或建筑高度的突破需求往往激发性能更高的钢材的研发和生产；工程建造体量的突破往往伴随测量工程技术的发展，这在以 Capstone 或科创竞赛为形式的专业实践教学中都有所体现。从社会结构上看，为了达成工程实现或成本优化的目标而发生的"技术性"协作行为，也往往伴随建造的社会、文化、精神意义的探讨，比如基础设施对生态、景观的影响、建筑功能对个体的关怀，等等。

以"村村通"公路为代表的乡村基础设施建造为例[72]，第一个阶段，乡村公路初期的建造目的是扶贫和联络沟通，将既有的种植产品运出乡村是当务之急，此时乡村公路的运输效率与闲置土地种植利用率之间关系的考量显然位居其次；但当扶贫成功，进入"乡村振兴"阶段后，随着进一步致富要求导致的农产品养殖规模的扩大，乡村公路需要考虑闲置土地种植产品的运输效率，将使得公路旁边的闲置土地发生价值升值，甚至为此发生村落搬迁。因此在第二个阶段，之前忽略的运输效率和城乡居住统筹规划变成了需要考虑的主要因素。这是多维度、动态、非线性地考虑工程建造因素的典型案例。公路建造这样的物质实践从一开始就和物质交往（农产品销售、闲置土地利用）、社会生活和社会交往（村落变迁和重构）、精神交往（村民意识改变）产生紧密的联系。

因此，以达成工程建造为目标的物质实践过程中就伴随与社会生活、政治生活和精神生活交叉影响的成分，而不仅仅是靠物质实践的最终结果来"单向"地影响社会、政治和精神生活。引导学生从这样的马克思主义实践观辩证地思考和分析问题，对于工科培养目标的达成有显而易见的意义。

2.2.4　基于情境学习的专业实践教学案例与课程思政

本书分别以课程设计实践,竞赛制作实践,以及工程实践研究报告三个实践案例,对情境创设,技术路线设计,自主学习引导和学习效果评价四个方面进行分析。需要注意的是，由于兼有知识总结和实际应用的成分，工科专业实践的情境往往有正在建造或已经完成的实际工程作为背景，其部分建造目标和技术措施的意义已经预先达到社会共识，但随着实践深入，又出现新的意义评价，因此"意义建构"的完整性在实践初始阶段很难一蹴而就，需要随着实践的发展不断补充，这表现在意义建构与情境预设间往往没有明显的阶段性。这和理论学习往往表现出明显的"进阶性"有所不同[48]。

2.2.4.1 高铁站房结构设计

以一个大型高铁枢纽结构的楼盖设计为例,由于尺寸较大,按照传统规范要求,应设置分隔缝[73]。但随着材料性能和施工技术的提升,以及地基基础处理水平的改进,近年来不设缝的案例也越来越多。因此可以引导学生在站台层和屋盖设置或不设置分隔缝的三种方案中选择(图 2.4 和图 2.5)。由于三种方案对施工技术、建筑布置和室内交通流组织可能产生的灾害不同,因此可以看作工程设计实践中的三种情境。

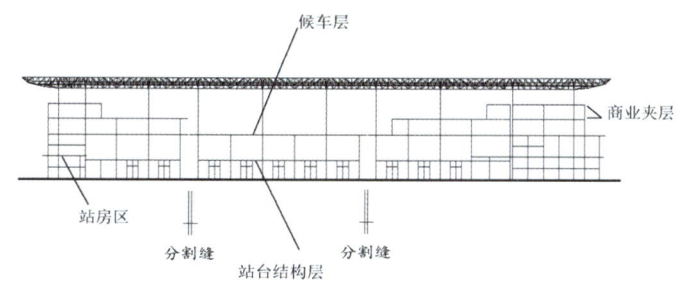

图 2.4 高铁站房楼盖的分隔缝设置剖面图

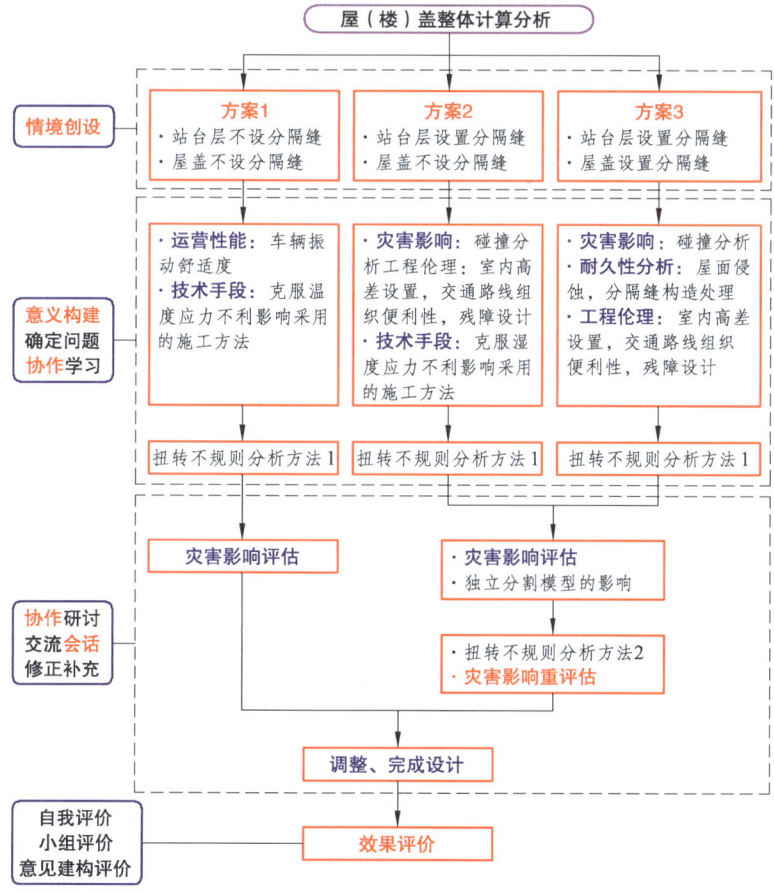

图 2.5 高铁站房楼盖设计的情境学习框架

当设置分隔缝的时候，可以利用楼面的不连续的特点设置一定空间分割，并改变交通流组织和空间设计，可以引导学生做空间设计文化、建筑心理学、工程伦理和节能环保方面的考量[74]。同时考虑到分隔缝对于阻断高铁过站造成的楼面振动有显著作用，在舒适度和环境降噪方面有积极作用，故进行了动力学分析，对设置和不设置分隔缝的方案进行了比较。纯粹而硬性的工程技术要求，既可以为技术性的，也可以为非技术的情境预设提供条件。当围绕文化以及社会生活等进行讨论，进行新的意义建构时，可以引导学生认识物质实践对社会生活和精神的直接影响。同时，大型建筑结构的建模、分析和设计，需要通过小组成员间的配合完成，对不同主题的情境模拟结果需要成员间交流、对话、讨论。最后，该案例的另一个教学目标是引导学生体会认识论的规律，并建立正确的实践观。

1. 建立初步认识

由于对形状规则的楼面，常常假定为一个整体进行扭转验算，因此第一轮试设计过程中，方案 2 和方案 3 两个小组未考虑分隔缝引起的缝间楼面振动不同步，故计算结果显示出很大的扭转不规则性，可能影响结构安全，按规程需要调整设计。

2. 发现问题并质疑探究

但设计小组发现楼面的质量和水平抗力构件刚度都比较均匀，进而引发疑问和探讨，以防止意料之外的地震灾害损失。

3. 通过实践升华认识

通过更贴近实际的动力学分析发现：分隔缝之间独立的楼面扭转并不显著，未呈现扭转不规则，由此"刷新"了最初的分析假定。而之前的整体楼面扭转不规则是楼面振动不一致，分块楼板之间相对运动较大造成的。这种认识的"刷新"也是 Posner 等提出情境教学模式中典型的观念转变模型的体现。去核查楼面整体假设下出现的扭转不规则的原因，逐个考虑其形成要素，重新审视造成扭转程度过大的诱因，是概念的充实；在诱因明确的接触上，通过模拟重现扭转不规则现象，属于概念的重建（restructuring）[59]。

4. 以科学认识指导实践

因此考虑在分割楼面之间做柔性连接，降低地震可能造成的构件损失。

这种实践过程呈现出认识与实践之间的反复，以及认识的进阶规律。从第 2 和第 3 组的小组的学习笔记看，存在认识论的两阶段规律，即从感性到理性，再从理性到实践的特点。初次分析时将存在分割关系的楼板看作整体是套用大楼面整体平面假定的"惯性思维"所致，是一定程度上属于感性认识阶段的"刻板印象"[75]，切入实际的具体分析，通过理性思考和分析为初次认识"纠偏"，实现从理性到感性的飞跃。而依据新建立的理性知识对建筑进行改造，属于从理性到感性的"第二次飞跃"[76]。

作为实践训练结果，三个方案组成员对理论知识的掌握程度也体现了差异。在各组人数（分别为33、37、31人）和平均GPA较为接近的情况下，图2.6反映了笔试测试结果，横轴上的三个问题针对扭转不规则的理论深度依次加深。由于问题1，即扭转不规则的判断准则，属于规范条文，三个组均掌握得较好，但由于方案1组楼面形状和质量分布较为规则，没有机会对进行方案调整，因此对于扭转不规则的调整方法并不熟悉，与其他方案2和方案3组的得分率呈现了较大差距。对于扭转的动力学分析机理，有兴趣了解的人数就更少。这个测试说明了实践对于理论探究的推动作用。

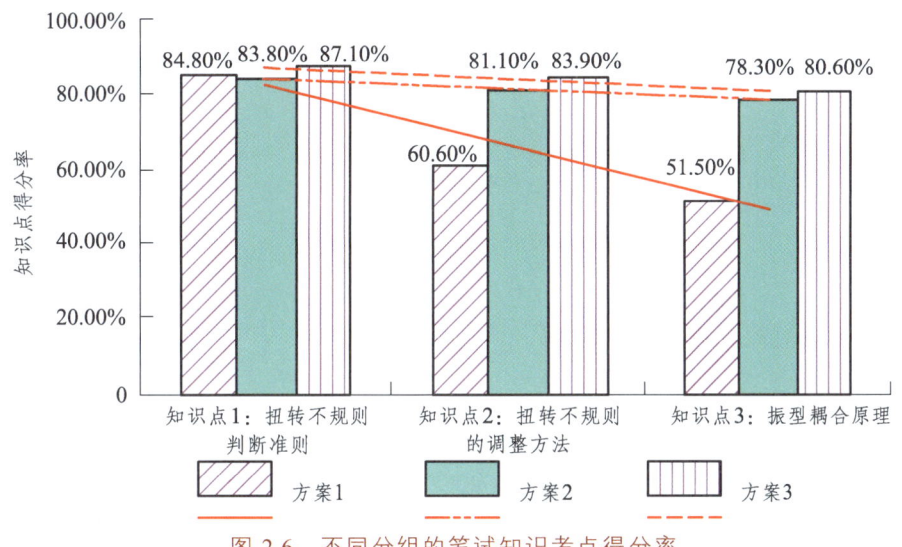

图 2.6　不同分组的笔试知识考点得分率

2.2.4.2　水泥轻舟赛

近些年，参考美国土木工程学会举办的大学生水泥轻舟赛，采用非常规材料的"结构设计+操作使用"的类似竞赛逐渐普及。

以美国轻舟赛为例，要求学生用水泥类材料建造小船船体，载重2~4人，在真实的湖泊内竞速划行，决出优胜。

（1）情境预设显著不完美，即"结构不合理"性，有助于认知的多维发展。竞赛规定不能采用通常的木质或金属作为船体材料，而是规定采用非金属无机材料，而这种"不合理"恰好使材料的选择和处理有更多的可能。例如参赛小组为了实现减轻重量，提升性能，减少碳排放，增强防水等多个性能目标，选择在普通混凝土或砂浆中加入粉煤灰、陶粒、碳纤维等不同的混合方案以改善混凝土轻舟性能，这很好地印证了认知弹性理论，即只有通过显示多维事实时才能反思情境预设中的复杂概念和不良结构[61]。

（2）情境预设的可替代性取决于知识的准备程度。工科专业的某些实践教学环节，不太容易直接利用现实情境进行训练，例如对象超大、条件艰险或真实训练成本过高时，需要进行情境模拟。轻舟赛准备过程中，学生们巧妙利用了流体力学教学试验水槽模拟了竞赛划行时的水流作用，完成了受力和变形测试（图2.7a）。在这个过程需要建立等效水流阻力和激励模型，需要一定的理论基础，对替代情境和真实情境之间的差异进行分析也属于知识重构。

（3）情境预设的补充有伴随实践进程探索、发展和完善的特点。由于正式比赛的时候，需要竞赛小组协作，通过人力将轻舟从陆地抬到水中，此时船体往往是"底朝天"，不同于水面划行时的受力情况，甚至可能产生反方向弯矩，因此需要单独提出一种受力工况进行分析（图2.7b中Eight-person transportation），以完善船体设计。这种特殊情境的预设，来自小组成员在协作设计和制作过程中的思考（图2.7c），是对话讨论的结果。值得一提的是，这种为了实现"协作运输"所考量的特殊情境的受力分析，来自"协作制造"的过程，但当建造者本身也是竞赛时的运输者时，他们就开始考量运输的情境和力学性能。当他们是划水竞赛者时，甚至考虑到了选手划行姿势对船体力学性能的影响。这种集"制造者+运输者+划行选手"一体的多重参与者身份，有助于学生实现弹性和多维度的学习。

（a）水槽试验模拟划行受力

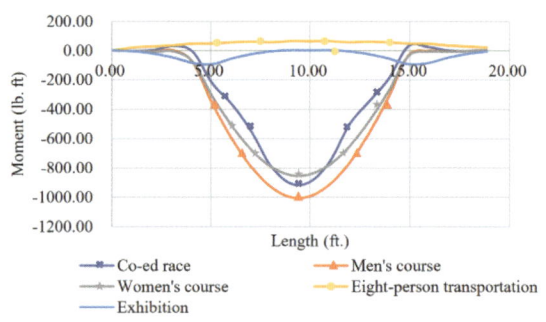

（b）不同工况对应的弯矩图

（c）纤维加固设计中的协作配合

图2.7　轻舟赛的情境预设与协作学习

Lave引用马克思社会学理论认为，类似从"制造者"到"划行选手"这样的学习身份的转换或合并有助于学习发展。这是因为知识技能的变化过程就是包含在一个实践者团体的身份变化过程中；而对知识或技能"掌握"作为学习的结果，是这个团体的一种组织性、关联性的特征。反之，深度的商品化进程和社会分工，可能限制了在更广阔范围内学习掌握新知识，阻碍了可持续发展。人类社会的生产从没有明显分工，到严格分工，又到重新交叉融合，显著影响着未来的劳动者学习的效果和方式。从这个角度看，学习体制和学习效果都是历史进程的产物[24]，是可以有效传递给学生的历史唯物主义视角。

2.2.4.3 基于学习报告写作的成效分析

作为专业实践环节的建筑结构课程设计，需要通过学习报告反映学生对理论技术内涵、工程意义等方面的认识。即在按照专业设计目标完成设计后，将前期调研、方案比对、设计技术问题、模拟施工等方面的工作记录和感受整理成实践报告，并提出自己对当前设计成果、未来技术发展等方面的看法。

为了实现对比效果，对课程思政实施前后两年的教学班进行对照，将"装配式建筑发展及影响"作为备选题。改革前的134人中有37人选此题，作为对照组；改革后的111人中有29人选此题，作为改革组；选题人数比例分27.6%和26.1%，受关注程度较为相近。两个组均要求了解国内外装配式建筑发展现状，对当前装配式建筑中的问题及建议，以及未来装配式发展的展望进行了论述。

（1）对照组主要关注技术进展研究、建筑选型和居住体验，以"房屋居住性"本身为研究中心，重点关注装配式建筑建造实施时的具体问题，扮演传统意义上工程师的角色。

（2）实验组则重点引导学生关注装配式技术与节能减排与碳中和要求、运输条件发展、人工红利减退、劳动力择业观变化、城市化进程需求等方面的关系，分析了装配式技术应用对产业链拖动方式的改变，讨论了装配式建筑在我国改革开放前的重工业初创时期，以及当前城市化进程时期中两次兴起的原因，以及在不同时期，我国工业队伍对装配式技术认识的转变。

针对两个小组的实践报告，利用词频分析软件ROST对汇总文本进行了词频统计，绘制了图2.8的词云图（仅给出频次多于十次的词），可以看到，虽然两个组的文本均包含"装配式""建筑"和"结构"等词，但实施课程思政后的实验组，学生呈现出对社会的关注，例如"资源""经济""绿色""评价""消费者""传统"等词频较高，这说明学生开始关注工程技术和社会的关系，产生的影响及社会效应评价等因素。以工程建造为代表的物质实践对社会、政治和精神生活的影响，在实验组学生中的感受意识更强。在完成既有的工程设计训练要点的情况下，拓宽了观察视野，涵养了社会关注意识，提升了以反思实践效果为形式的唯物主义实践观教育意识。

（a）对照组报告词云图　　　　　　（b）实验组报告词云图

图 2.8　专业实践报告词云

2.2.5　结语和展望

在工科实践教学形式多样化、内容复杂化的发展趋势下，课程思政建设一方面需要紧密贴合教学内容，实现隐形教育和"润物无声"；另一方面需要寻求相契合的教学理论和方法为支撑，遵循认知规律，提升教学效率。

因此，本节基于情境认知的基本理论框架，对我国工科毕业生素质要求点、情境学习要素、马克思主义实践观要点进行了归纳梳理，认为专业实践环节的素质要求达成，以及思政元素的融入可以借助于情境预设要素的归纳更加有效地达成。并以情境教学模式中两个建构理论，即观念转变学习理论和认知弹性理论为例，给出了三个专业实践教学课程思政改革案例，基于教学成效得到以下结论：① 通过解释工程现象并处理工程问题，利用推翻思维定式，以及纠正认识偏差的训练过程，有助于学生充分建立对马克思主义认识论的体会；② 借助情境学习中的协作和对话元素，拓展情境预设和意义建构的维度，有助于引导学生认识学习效果和学习体制的可发展性，树立"人作为实践活动主体"的历史唯物主义观；③ 借助"工程对社会影响"的情境预设，可以有效帮助学生掌握从"物质实践对社会生活的影响"的实践唯物主义分析视角。

本节内容表明，以马克思主义实践观与情境学习法结合起来，发掘学生在情境学习中的认知规律，是在专业实践教学中实施课程思政的有效路径。更丰富的教学理论和马克思主义哲学元素在教学设计中的契合运用，还有待研究。

2.3　工科专业教育中的工程伦理因素的融入[①]

2.3.1　引　言

2016 年加入《华盛顿协议》是我国改革开放时期工程建设快速发展的必然结果。四十多年来，虽仍存在不少问题，但工程建设的发展不仅引领了中国的经济蓬勃向上，也快速提升了工程本身的技术与管理水平。尤其是我国发出"一带一路"的倡议之后，要为世界做工程，就必须对标国际工程标准，工程伦理方面的要求自然也是其中之一，可是工程伦理在我国的工程教育中却长期处于缺位状态。西方社会也经历了 40~50 年的战后大建设和现代化历程，到 20 世纪后半期才开始关注工程伦理问题。事实上《华盛顿协议》也出现在 1989 年。如今在国际通用的工程教育认证活动中，已把工程伦理教育的内容列入其中，《华盛顿协议》列出的毕业生素质要求第 8 条就是关于"伦理"的规定：运用伦理原则，在工程实践中遵守职业道德和规范，履行责任[77]。与此相呼应，各国高校工科专业都已开设工程伦理教育课程，积极推进工程伦理教育。

我国高校工程伦理教育与国外相比起步较晚，尚未形成完整的教育体系和规范。2016 年，我国成为《华盛顿协议》正式缔约成员，中国工程教育专业认证协会认证标准规定，所培养的毕业生必须"具有人文社会科学素养、社会责任感，能够在工程实践中理解并遵守工程职业道德和规范，履行责任"[78]。工程教育专业认证推动了国内工程伦理教育的研究和发展。直到今日，我国高校工程伦理教育虽然已经起步，但仍然存在诸多问题和困难，其中主要有两点：一是难以与专业结合，二是缺乏实践。

首先，目前国内高校主要是通过开设相关课程来实现工程伦理教育。授课的教师大多是具有哲学、伦理学、科技哲学类专业背景的教师[79]，他们的知识背景和专业研究一般距离工程理论和工程实践较远，虽然他们也采用案例教学的方法，但终因教师对工程问题的理解深度不足而不能较好地解决工程伦理教育的专业性问题，结果就是学生把工程伦理当作非专业的公共课程而不予重视。解决这一问题的方法就是"课程思政"，即在专业课程中进行思想道德教育。习近平总书记在 2016 年全国高校思想政治教育工作会议上指出：除了思想政治课程之外，"其他各门课都要守好一段渠、种好责任田，使各类课程与思想政治理论课同向同行，形成协同效应"[80]。教育部部长陈宝生在"新时代全国高等学校本科教育工作会议"上也提道："高校要明确所有课程的育人要素和责任，推动每一位专业课老师制定开展'课程思政'教学设计，做到课程门门有思政，教师人人讲育人。"[81]但是因为工程专业教师尚未形成主动采用这种教育方式的相关意识，所以实际开展"课程思政"的专业老师仍然相对较少。以上

[①] 本节主要内容已发表于相关期刊，见夏嵩、王艺霖、肖平等：《土木工程专业教育中工程伦理因素的融入——"课程思政"的新形式》[J].《高等工程教育研究》，2020（1）：172-176.

现状导致作为专业教育重要组成部分的工程伦理教育难以与专业教育融合在一起。

其次，工程学科是实践性的学科，工程实践是实际的造物活动。伦理学也是实践性很强的学科，它不仅要让人知道社会的规范是什么、该怎么做，还要在实践中训练学生养成良好的行为习惯。因此工程伦理的教学方式应该是如同习近平总书记在2018年与北大师生座谈时所说的"不论学习还是工作，都要面向实际、深入实践，实践出真知；都要严谨务实，一分耕耘一分收获，苦干实干"[82]。但现阶段的工程伦理课程以课堂讲授为主要方式，学生实践机会较少。这与专业的割裂有关，找不到恰当的实践方法；也与对课程的认识有关，主要是没有理解课程的性质。这既不符合工程和伦理学课程的性质，也不利于学生对问题的理解和积极的行为养成。在这样的情况下，虽然在工程伦理教学中采用了案例教学的方法，但那只能是非专业的置身事外的分析，学生并没有亲身参与到工程实践活动中获得的道德感受，对案例所表达的各种伦理困境和抉择矛盾缺乏切实的体验与深刻的理解[83]。

有鉴于此，我们决定以"桥梁工程设计"课程为课程思政的实验样本，用将工程伦理纳入专业课程的方式，实现工程伦理教育，解决在工程教育中贯穿工程伦理内容时所存在的专业性与实践性两方面的难题。这种教学方法在美、英等发达国家均已广泛采用[84-85]，我们所要做的只是使其更加适应我国的实际情况。

2.3.2 桥梁设计课程的探索

2.3.2.1 融入工程伦理考量对桥梁设计课程的重新设计

国内传统土木工程专业课程中的各类设计实践活动具有很强的专业性，一般均为指定各种设计参数的纯技术性过程。以本科桥梁工程设计实践活动为例，一般为指定材料、桥型、跨径、主梁截面类型、纵横坡度、荷载及施工方法等条件下的纯技术性设计。学生的工作内容主要是对某个桥梁工程结构的理论或数值分析与计算，以及相关的图纸绘制工作，完全是一种"从纸面到纸面"的学习过程，几乎没有任何社会实践环节。学生在设计过程中一般也不考虑社会、经济、环境和各方面利益等因素。而指导教师在这一过程中的作用也仅仅是向学生传授技术而已，最多不过通过严格要求学生来培养其严谨、认真地完成技术性工作的职业道德素养。

这样的设计课程，显然只能向学生灌输专业知识，却不利于培养其解决复杂工程问题的能力，在培养学生的职业道德素质和社会责任感方面的作用较为间接与狭窄，教师在"传道、授业、解惑"这三个方面中也更偏向于后两者。为此，我们将桥梁设计教学过程置于真实复杂的社会条件之中，引导学生发现并思考工程实践中的伦理问题，以解决传统土木工程专业设计课程中排斥社会因素的不足。

例如，2018年，我们在土木工程专业本科二年级学生的"集成设计"课程中的"桥梁工程设计"部分，给学生一个设计实景，要求学生在西南交通大学犀浦校区图书馆与北区体育馆之间设计一座跨越水面的桥梁结构，以方便师生通行（见图2.9）。学生被分为4~5人的小组，每个小组都被要求在4周时间内以团队的形式完成下列工作：

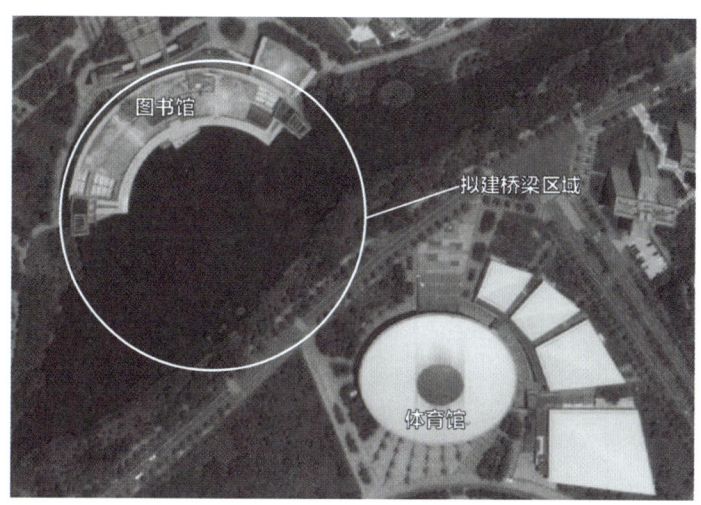

图 2.9　拟建桥梁区域（图中圆圈内）示意图

（1）调查并掌握拟定桥位附近的环境信息，包括（但不局限于）周围建筑物、交通状况、地质条件、人流情况、植被信息、环境变迁，等等。

（2）选择桥位、桥型，确定桥梁基本参数，并画出桥梁外形简图。

（3）完成书面报告并制作幻灯片，在课堂上介绍自己的设计。

该设计课程的基本流程如图2.10所示：

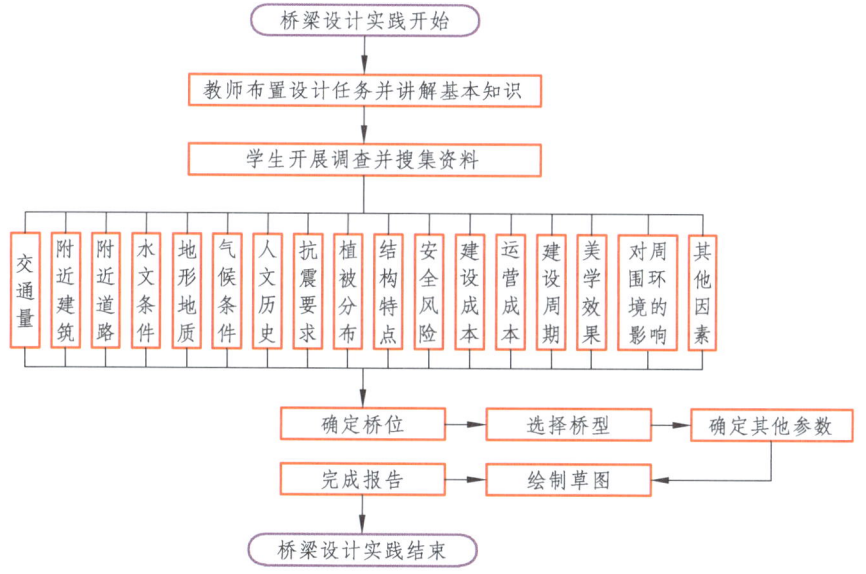

图 2.10　桥梁设计实践教学流程图

与传统课程设计只给出经过"抽象"的纯技术问题不同,我们的教学首先要求学生要关注桥的社会价值,其次则扩展了搜集信息的范围。如图2.10所示,我们不光让学生关注专业技术能力的提高,还引导学生关注工程中的社会、经济、环境及其他非技术性影响因素,培养学生的职业道德意识和道德判断能力,加强学生的社会责任感,提高学生的综合素质。

最后在教师掌控学生的整个设计过程中始终不断地提醒学生全面地考虑各种技术与非技术的影响因素,尽自己最大努力去解决实际问题,并向学生提出了明确的工程伦理要求与考核条件。学生需要搜集或测量以获取必需的数据,他们必须利用各种资源,积极地"动脑动口动手动脚",想方设法主动地去解决在设计过程中碰到的各种实际困难。通过这种方式,提高学生解决问题的综合能力和职业道德感。

2.3.2.2 对学生设计的伦理考量要点

在该设计过程中,教师首先要引导和帮助学生培养职业的技术工作能力和良好的工作态度,将专业知识与工程伦理思想结合起来。在此基础之上,学生在桥位选择与桥型选择两个关键设计环节中开展了大量的实践活动。

1. 桥梁选址的伦理考量

设计目标是在西南交通大学犀浦校区图书馆与北区体育馆之间设计一座跨越水面的桥梁结构,以联结教学区与文体活动区。其目的是要获得一个平衡多数人群利益,平衡多种社会因素的优化方案。这就是工程伦理的首要原则"工程造福人类"在具体工程中的体现。

大部分学生通过调查综合分析人流通过量的需求、技术难度与可行性及对环境的影响等几个方面,确定了桥位。但其中一组学生给出了3个备选方案,如图2.11所示,下面是他们给出的分析:

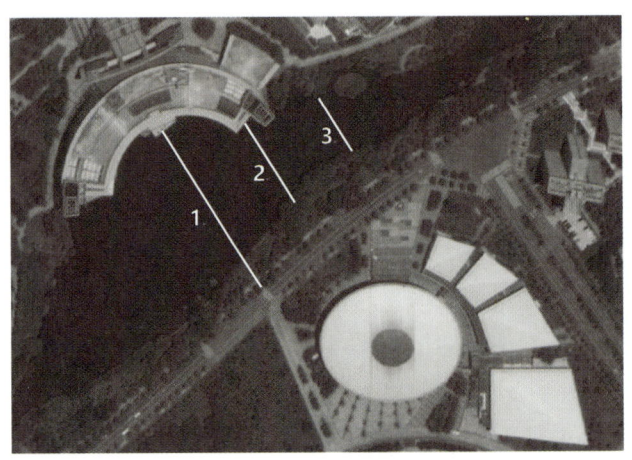

图2.11 备选的3个桥位方案示意图

方案 1 从图书馆中间直接架桥，它的缺点是会造成人流直接通过图书馆，影响其安静的氛围；会将图书馆前的湖面分割开来，影响美观；而且这个方案的桥梁长度最长，成本最高。

方案 2 在靠近图书馆研究生阅览室一侧架桥，虽然同样容易造成干扰，但受干扰的人群较方案 1 有所减少；图书馆一侧与桥相连的道路是木板铺就，脆弱、不平整而且狭窄，不适合大量人流和自行车通过；而且该方案对植被影响较大，需要移动很多树木。

方案 3 从图书馆东侧架桥，避免了前两个方案的缺点，最短最经济，而且其两端离既有道路的路口都比较接近，交通方便。该方案是最优方案。

显然，上述分析与决策过程中学生考虑了交通量需求、环境、成本、景观等多方面的因素，并设计了使各方面利益最大化的最优方案。学生的分析表明在他们已经有了超越技术需要的人文和环境关怀意识，甚至还具有工程美学的考虑。从中还可看到学生初步建立起工程服务社会的意识，考虑到了工程效用的最大化。专业教师就是要将工程造福社会的伦理原则像种子一样埋在学生的意识里。

2. 对搜集信息和测量阶段工作态度的伦理要求

课程中教师指导学生开展了大量的调查工作，包括桥位附近的建筑分布、交通状况、可能的人流量、地质条件、气候条件、地震历史记录、抗震设防等级、待跨越的水位高度、植被情况及可能存在的古代文化遗存，等等。我们让学生了解一项工程的社会价值在于最大限度地满足社会需要，要尽可能地考虑到不同条件下最大多数人的交通便利，也要考虑到特殊人群的特殊要求，并很好地平衡他们的利益。要实现这一目标就要尽可能多，尽可能真实准确地收集数据。教师要把握的伦理考量在于：首先要保证数据的真实性、规范性和有效性，从中判断学生的工作态度和责任心；其次要掌握学生小组的实践情况，考查学生的工作能力和团队协作能力；更高的要求是考查学生主动优化和积极解决问题的意识与能力。

同学们在设计过程中的表现给人以极深刻的印象。例如在调查地质状况时，由于学生在工程经验和勘测装备两个方面均极匮乏，其实他们凭借自己现有的装备很难获得详尽且正确的工程地质信息。但一个组的学生却机智地想到了校园旁边正在进行建设的地铁工地，他们可以到那里去寻求专业的帮助。他们骑车两小时辗转找到了工程项目指挥部，终于从施工图纸上找到相当专业的校园附近地区的工程地质信息，获得了包括地质钻孔布置、钻孔柱状图、地层剖面图、地层列表、各层岩土物理力学指标等在内的诸多信息。有的学生还详细地调查了桥位附近的各类植物，最后列表展示了17 种植物的习性与分布情况。学生这些积极主动的信息收集行为表现出了他们高度的责任心，他们不是止于简单地完成作业，而是把设计当作会对社会产生影响的"真工程"，力求做到最好。这些学生在实践过程中所受到的锻炼，以及他们展示出的能力和品质，是足以令人惊叹的。

3. 以科学态度实现社会价值、以科学态度进行评价与抉择

经过初步的调查与选择，各小组都开展了从技术到社会的价值考量，从而形成了多个可能的设计方案，那么应该选择哪个方案呢？在教学中评价不同的设计方案就像在现实中工程招标一样，学生会感受到在具体的利益面前如何坚持客观公正。在评价设计方案时，我们要求学生考虑工程目标达成的具体因素进行评价。学生主动设计了包含社会环境、经济、结构等多方面的影响因素及各种桥型的特点的决策矩阵方法。

基于对各种桥型在实际工程情况下的适用性分析，学生为每一种桥型按前述影响因素打分并加权，构建出了决策矩阵，然后对每一种桥型计算总分，最终根据得分最优的方案来确定最终方案。表 2.5 所示就是学生计算的决策矩阵。

表 2.5　确定桥型的决策矩阵

影响因素分类及加权	具体因素	斜拉桥	悬索桥	拱桥	梁桥
社会或环境（每项10%，共计30%）	外观	4	5	5	2
	对周围环境的影响	4	3	4	3
	建设周期长度	4	4	4	5
经济（20%）	建造费用	3	2	4	3
结构（每项12.5%，共计50%）	抗震性能	3	2	4	4
	抗风性能	3	1	4	5
	建造难度	2	2	3	4
	结构复杂度	2	3	3	5
总分（满分5分）		3.05	2.60	3.85	3.85

由于拱桥和梁桥的总分相同，所以学生开展了进一步的讨论，最终从主要人群和自行车对结构的适用性方面考虑，确定了拱桥的方案，如图 2.12 所示。

图 2.12　最终确定的桥梁方案之一（学生制作的效果图）

显然，由于这些学生在开展桥梁设计时刚刚开始二年级的学习，他们除了基本的数学、力学知识之外几乎不具备任何专业知识，在设计中他们所用到的所有相关专业知识除了指导教师在课程设计刚开始时的简单介绍之外均来自课外自学，所以他们对各种桥型的特点理解得未必完全正确，在决策矩阵中的评分也未必十分准确。但是这些学生不但综合考虑了多方面的影响因素，更进一步采用了半定量方法，形成了这一相对客观的评价方式。这正是我们希望看到的：学生科学的决策方法使他们的职业活动更具理性色彩；他们也具有较强的公正客观意识。

2.3.3 课程思政探索的小结与展望

从我们的教学实践中可以看到：在土木工程专业本科教育中，结合具体工程实例在设计课程中引导学生全面考察工程问题，将专业技术考量与工程伦理考量有机结合起来，是开展工程伦理教育的有效方式；教师在设计过程中不再只是传授一门技术，而是融入工程伦理的思想从多种不同的角度开展指导，学生在专业实践中遇到的伦理问题，让他提前与未来在职业中的伦理问题遭遇，这样的场景在大学生的日常生活中很难遇到，在课堂教学里也很难人为地设计出来。而他们的应对就是工程师卓越品质的训练。从我们的实验来看无论是对专业技术的学习还是工程伦理的学习，其效果都是令人满意的。

上述是在土木工程专业课程中开展工程伦理教育的初步尝试。推而广之，课程思政的方法不应局限于某一专业。事实上，工程教育本来就是看重实践的，具有许多实践教学环节，例如各专业课的课内设计、各种实习及毕业设计，等等。在所有这些实践教学环节中，均可融入工程伦理教育的因素。这样做的好处是：

（1）在专业课程的实践教学环节中引入工程伦理教育，可以充分发挥专业课教师的作用，其思想易于被专业课教师理解，其方法易于被专业课教师掌握，从而促使专业课教师也主动有意识地加入课程思政的过程中来，促进"全员育人"的开展。

（2）这种工程伦理教育虽然带有较强的专业背景，但其本身却并不要求学生具备较为完备或高深的专业知识，学生重在实践，在实践中加深对专业知识的理解，在实践中提高实践能力、增强职业道德水平、培养工程造福人类及服务社会的意识，这适用于几乎所有阶段下的工科学生，有利于开展"全过程育人"的工科教育。

（3）在课堂教学之外的社会环境中开展与工程伦理相关的实践活动，可以拓宽对学生进行专业课课程思政教育的渠道，丰富课程思政的教学方法与手段，是开展"全方位育人"的有效途径。

综上所述，我们以工科专业的工程伦理教育这一我国高等教育的薄弱环节为研究对象，对其内容、途径和方法进行研究和实践，探索真正能将道德意识融入工程技术领域中的工程伦理教育体系。研究与实践相结合，伦理教育与专业教育相结合，为国内工科院校开展工程伦理教育积累经验和提供借鉴，并对推动行业规范建设，改善行业风气有所助益。

2.4　土木工程专业课程思政的融入方法解析
——以"混凝土结构设计原理"为例[①]

2.4.1　引　言

习近平总书记在全国高校思想政治会议的重要讲话明确指出："立德树人是高校的立身之本、办学之基"；"要使各类课程与思想政治理论课同向同行，形成协同效应"[86]。教育部在《高等学校课程思政建设指导纲要》中要求：高校要有针对性地修订人才培养方案，构建科学合理的课程思政教学体系。要发挥好每门课程的育人作用，将课程思政融入课程教学的全过程[87]。教育部强调，"高校要明确所有课程的育人要素和责任，推动每一位专业课教师制定开展'课程思政'教学设计，做到课程门门有思政，教师人人讲育人"[88]。专业课是土木工程专业人才培养的重要环节。以西南交通大学现行土木工程专业培养方案为例，专业课（专业基础课、专业核心课、专业限修课）的学分占比达 45%（73/160 学分）。专业课程的课程思政融入路径与效果，直接关系到课程思政教学体系建立的成败。

传统专业课程教学普遍重视专业技术教育，而忽视思政教育，直接导致的后果是毕业后的土木工程专业技术人员理想信念不足、社会伦理与职业责任缺失，对自然与自然规律缺少敬畏[86]；过度关注运用工程技术的经济属性（即获得更大的工程效应），却忽略了工程的社会属性（例如，工程对环境的影响，工程活动与自然、社会和公众的关系）[89-90]。同时，传统的思想政治理论课作为显性教育课程，容易发生与专业教学相互分离的现象，难以发挥整体育人价值[91]。课程思政是以课程为载体，充分挖掘各类课程自身的德育因素和资源，遵循课程教育教学规律对其加以开发运用的社会实践活动[92]。正如教育部指出：建设高水平人才培养体系，必须将思想政治工作体系贯通其中，必须抓好课程思政建设，解决好专业教育和思政教育"两张皮"问题[87]。如何顺应时代发展需要，将思政元素有机融入专业课堂教学，实现润物无声的育人效果，是土木工程专业课教师的新挑战。

本节结合土木工程类专业课程的基本架构，以专业核心课程——"混凝土结构设计原理"为例，对土木工程类专业课程的课程思政教学改革进行了思考和研究，探讨

---

① 本节主要内容已发表于相关期刊，见徐腾飞、杨成、赵人达等：《土木工程专业课程思政的融入路径——以混凝土结构设计原理为例》[J].《高等建筑教育》，2021, 30（1）: 182-189.

了土木工程类专业课程的课程思政建设目标、课程思政支撑点、课程思政融入方法与案例。

2.4.2 "混凝土结构设计原理"的专业核心地位与典型性

住建部颁布的《高等学校土木工程本科指导性专业规范》中明确指出:"学生应掌握工程结构的基本原理,能正确设计土木工程基本构件。"混凝土结构作为基本工程结构,"混凝土结构设计原理"课程在土木工程专业培养方案中占有非常重要的地位[93]。

"混凝土结构设计原理"是土木工程、城市地下空间工程、铁道工程、桥梁与渡河工程等专业学生必修的专业核心课程之一。通过此课程教学,学生应掌握由钢筋及混凝土这两种材料所组成的结构构件的基本力学性能,掌握混凝土结构设计的基本原理与一般设计方法。该课程在专业课程与基础课程中发挥着承上启下的关键作用,可以引导学生建立专业课程与基础课程(如"材料力学")的联系,并为学习后续诸多专业课程(如"混凝土桥""地下结构设计原理""建筑结构设计"等)和完成毕业设计打下基础。该课程既有理论推导又有试验研究,同时与相关规范与工程实际联系紧密,兼具专业课与基础课的特征,开展课程思政的融入路径研究具有典型意义。

2.4.3 "混凝土结构设计原理"的课程思政建设目标

传统的"混凝土结构设计原理"课程目标主要为专业技术方面,例如,掌握钢筋混凝土和预应力混凝土结构的基本设计原理与设计计算的知识和技能;具备研究与解决混凝土结构中复杂工程问题的能力。

结合国际工程教育认证标准,在西南交通大学土木工程专业的培养方案中确立的本科生培养目标为:

培养目标 1:理想信念坚定,立志扎根人民,奉献国家,积极投身于习近平新时代中国特色社会主义建设,勇于承担民族复兴的时代重任。

培养目标 2:具有高尚的品德修养与职业操守,良好的人文情怀和科学素养,同时具有较强的批判思维能力。

培养目标 3:扎实掌握土木工程学科的基本原理,广泛涉猎并深入钻研土木工程的专业知识,获得土木工程专业技能实践训练,具备解决土木工程领域复杂工程问题、从事土木工程相关专业工作的能力。

培养目标 4:具有较强的求真创新精神,广阔的国际视野,良好的团队协作精神,有效的沟通交流能力以及自主和终身学习能力,能够适应土木工程行业建设发展的时代需要。

对比西南交通大学土木工程专业培养目标，传统"混凝土结构设计原理"课程仅覆盖了专业知识类培养目标（培养目标 3）。对培养目标 1，培养目标 2 与培养目标 4 覆盖不足。

根据教育部《高等学校课程思政建设指导纲要》精神，工科专业课程要在课程教学中把马克思主义立场观点方法的教育与科学精神的培养结合起来，提高学生正确认识问题、分析问题和解决问题的能力。要注重强化学生工程伦理教育，培养学生精益求精的大国工匠精神，激发学生科技报国的家国情怀和使命担当[2]。因此，立足于学生思想政治教育的建设目标，可以围绕着政治认同与国家意识、品德修养与专业伦理、学术志向与科学精神三个维度确定"混凝土结构设计原理"的课程思政目标内容，分别对应满足国际工程教育认证标准的土木工程专业培养目标 1，培养目标 2 与培养目标 4。具体课程思政目标如表 2.6 所示：

表 2.6 "混凝土结构设计原理"课程思政目标

目标	维度	内容
目标 1	政治认同与国家意识	激发学生科技报国的家国情怀和使命担当，实现立志扎根人民，奉献国家，积极投身于习近平新时代中国特色社会主义建设，勇于承担民族复兴的时代重任的专业培养目标
目标 2	品德修养与专业伦理	强化学生的工程伦理教育，实现具有高尚的品德修养与职业操守，良好的人文情怀和科学素养的专业培养目标
目标 3	学术志向与科学精神	培养学生基于马克思主义立场观点的科学精神，实现具有较强的求真创新精神与较强的批判思维能力的专业培养目标

2.4.4 "混凝土结构设计原理"的课程思政元素与支撑点

"混凝土结构设计原理"授课共 12 个教学单元，共计 64 课时。从内容结构上看，具有工科专业课程的一般特点，可以分为三个部分：（1）概述部分，对"混凝土结构设计原理"课程与相关混凝土结构或工程的简要介绍；（2）材料性能部分，对混凝土结构中常用材料力学性能介绍；（3）专业技术知识点部分，对用于混凝土结构设计的专业知识点介绍。

如表 2.7 所示，第 1 章（绪论）与第 10 章（预应力混凝土构件概述）占 6 个课时，包含了课程概述、工程应用、发展历程以及学习方法等。这部分可以挖掘并支撑围绕政治认同与国家意识的建设目标 1 与围绕品德修养与专业伦理的建设目标 2；第 2 章（材料的物理力学性能）占 8 个课时，包含了混凝土结构中常用材料的力学性能，可以依托工程实例与典型事故，挖掘并支撑围绕品德修养与专业伦理的建设目标 2；各专业技术知识点章节占 50 个课时，可以挖掘并支撑围绕着学术志向与科学精神的建设目标 3。

表 2.7 "混凝土结构设计原理"课程思政支撑点列表

目标	思政支撑点
目标 1	第 1 章：（绪论）混凝土结构的工程应用； 第 10 章：预应力混凝土构件概述
目标 2	第 1 章：（绪论）混凝土结构的发展概述； 第 2 章：材料的物理力学性能
目标 3	各专业技术知识点章节

2.4.5 "混凝土结构设计原理"的课程思政融入方法与案例

2.4.5.1 目标 1 的融入案例

课程思政建设目标 1 的维度为政治认同与国家意识，其支撑点多分布在绪论部分。对于工科专业课而言，可以突出社会主义建设成就，典型工程的历史发展以及国家的战略需求来激发学生的家国情怀与使命担当。例如，在"混凝土结构设计原理"课程的混凝土结构的工程应用中，可以：

（1）在典型工程应用介绍中突出中国特色社会主义建设成就（见图 2.13），例如上海中心、沪昆高铁北盘江特大桥、雅西高速腊八斤特大桥等。

上海中心
结构高度 580 m
27×27 m 钢筋混凝土芯柱

沪昆高铁北盘江特大桥
主跨 445 m
世界第一跨度钢筋混凝土拱桥

腊八斤特大桥
墩高 182 m
亚洲第一个高墩

图 2.13 混凝土结构典型工程应用（PPT 节选）

以沪昆高铁北盘江特大桥为例，该桥为沪昆高速铁路全线建设难度最大的桥梁工程。沪昆高速铁路连接上海市与云南昆明市，是"八纵八横"高速铁路主通道，是中国东西向线路里程最长，速度等级最高，经过省份最多的高速铁路。沪昆高速铁路的开通，使上海到昆明的列车行程由 34 小时缩短至 8 小时左右，既缩短东西部的地理距离，也拉近沿途百姓的心理距离，大大促进长江以南，东、中、西部地区经济互联互补，带动沿线区域经济协调发展，促进社会公平。

沪昆高铁北盘江特大桥建设是面向西部山区高速铁路建设的国家重大需求，经过多年科技攻关，创新了艰险山区高速铁路特大跨度混凝土拱桥的建造与运维关键技术，解决了高铁桥梁"特大跨度—高平顺性"的尖锐矛盾，克服了艰险山区恶劣环境带来的诸多难题，推动了高铁混凝土拱桥从270 m到445 m的巨大跨越，代表着钢筋混凝土拱桥建造的世界最高水平，是世界跨度最大的高铁桥梁[94-96]。

（2）结合混凝土桥梁工程，分中华人民共和国成立前、中华人民共和国成立初期、改革开放后、十八大以来等几个阶段介绍典型混凝土桥梁工程发展，突出我国日新月异的科技进展，激发学生自豪感与自信心。

（3）结合国家战略（川藏线，"一带一路"倡议等），突出对混凝土新材料、新工艺与新结构研究的迫切需求，激发学生科技报国的家国情怀与使命担当。

2.4.5.2　目标2的融入案例

课程思政建设目标2的维度为品德修养与专业伦理，其支撑点多分布在绪论部分，对"混凝土结构设计原理"课程而言，材料的物理力学性能部分也有支撑点。对于工科专业课程而言，可以强调注重职业道德，合理使用材料；利用材料性能革新实现环境与工程的统一，利用工程技术知识服务人民、奉献国家等。

在"混凝土结构设计原理"课程的混凝土结构的发展概述中，可以：

（1）结合绿色可持续混凝土材料发展，介绍十八大以后确定的经济、绿色的节能建造方针（图 2.14）；强调技术进步可以推进建筑业的节能环保，体现土工程专业问题解决方案对环境、健康与可持续发展的影响。例如：

图 2.14　绿色可持续混凝土材料发展（PPT 节选）

《全球气候变化公约》《京都议定书》对各国温室气体排放形成硬约束。作为发展中国家的中国，二氧化碳排放量即将达到世界第一，国际社会要求中国承担减排的压力很大。在经济全球化中,气候变化既是经济问题,也是政治问题:二氧化碳排放权的本质是发展权[97-98]。2016 年,国务院确定了城市规划和建筑业发展总方向,确立"适用、经济、绿色、美观"建筑方针,提出推广绿色建筑和建材,发展新型建造方式[14]。混凝土是土木工程中最常用且消耗量巨大的建筑材料,传统混凝土的制备需使用到波特兰水泥。全球每年约消耗波特兰水泥 28 亿吨。水泥生产消耗大量的能源,排出大量的二氧化碳与其他大气污染物。每生产一吨水泥会释放出一吨的二氧化碳;每年水泥生产工业产生的二氧化碳占全球二氧化碳排放的 5%～7%,对全球暖化的贡献率为 4%[100]。通过科技进步,部分或完全替代混凝土中的波特兰水泥,并采用工业化的建造工艺,可以大大降低土木工程行业的碳排放,降低对环境、健康与可持续发展的负面影响;也可以为国家发展做出贡献。

(2)结合高性能混凝土材料发展与汶川地震的震害特点,介绍高性能混凝土材料对提高结构物抗震性能的作用,激发学生利用专业知识服务人民与奉献国家的精神。

(3)如图 2.15 所示,结合"瘦身钢筋"的工程案例,介绍钢筋的冷拉后的性能特点,特别是延性降低的缺点。自 2010 起,西安、昆明、南阳陆续曝光了建筑行业存在的"瘦身钢筋"事件。"瘦身钢筋"是利用钢筋的冷拉特性,将较粗的钢筋冷拉为较细的钢筋,一方面减少了钢筋用量,另一方面提高了钢筋的屈服强度。如此,建筑企业与钢筋加工企业可以获取高额的黑色利润。但是,钢筋经过冷拉后,钢筋的延性与可延展性大大下降。一旦遭遇地震,房屋建筑可能会突然垮塌,给人民生命财产带来巨大的损失。由此,要帮助学生端正职业操守,树立正确的价值观。

图 2.15 钢筋冷拉与工程事故(PPT 节选)

2.4.5.3 目标 3 的融入案例

课程思政建设目标 3 的维度为学术志向与科学精神，其支撑点分布在各个专业知识点所在章节。可以通过收集各个知识点的研究文献与经典实验，锻炼学生利用马克思主义立场观点分析问题与解决问题的能力，激发学生求真创新精神，培养学生批判性思维能力。

在"混凝土结构设计原理"课程的混凝土结构的发展概述中，可以：

（1）讲述理论联系实际的观点。钢筋混凝土结构性能的理论分析依赖于对试验结果认识；理论分析结果又可以指导试验的设计，并最终服务于工程实践。

（2）讲述辩证的观点。该课程学习，一方面要密切联系材料力学，认识到本课程学习依赖于材料力学的基本方法；另一方面又要注意到材料力学在本课程领域的局限性，并引入材料的非线性特征来解决该问题。

在专业知识点讲授中，例如无腹筋梁抗剪承载能力章节中，利用无腹筋梁剪切破坏的历史争论，锻炼学生的批判性思维与求真精神。

如图 2.16 所示，在 1900 年以前，学术界对于无腹筋梁的剪切破坏机理存在有 2 个观点。观点 1 从剪力与剪应力的关系出发，朴素地认为剪切破坏是剪力引起的水平剪应力超出材料的抗剪强度导致的；观点 2 则从试验现象出发，在实验中观察到剪切裂缝总是斜向的，提出剪切破坏是混凝土斜向主拉应力超过抗拉强度导致的。因此，当时试验条件的局限性，无法开展混凝土梁的剪切试验并直接测试混凝土的剪应力与主拉应力。这 2 个观点的争论持续了几十年。

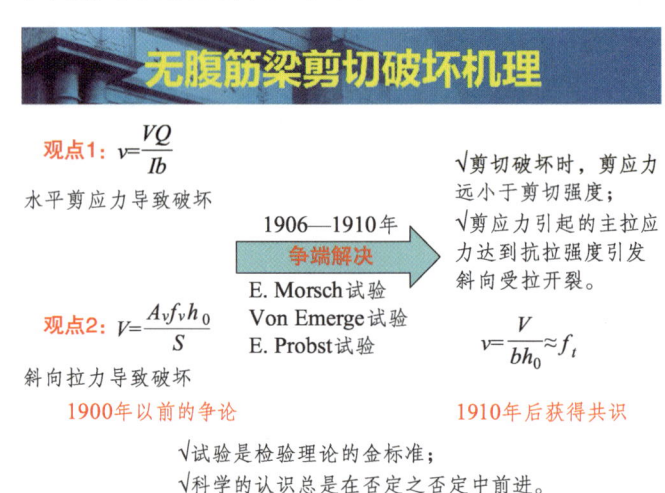

图 2.16 无腹筋梁剪切破坏机理争论

随着科技的进步与试验条件的改善，1906 年德国科学家 E. Morsch 开展了混凝土剪切试验，试验结果表面：剪切破坏时，剪应力远小于混凝土剪切强度；剪切破坏时，剪应力引起的主拉应力达到混凝土抗拉强度，引起斜向受拉开裂。后续几年，Von

Emperge 与 E. Probst 开展试验再次验证 E. Morsch 试验的结果。两派学术观点的争论自此结束，学术界与工程界接受了混凝土梁剪切破坏是因为主拉应力过大引起的斜向受拉破坏的观点。

由专业知识点的历史争论，可以让学生认识到：实践是检验真理的唯一标准；科学的认识总是在否定之否定中前进的。

2.4.6 "混凝土结构设计原理"的课程思政考核方式

课程思政的教学具有隐性化、立体化、多样化的特点。这决定了课程思政的考核方式不应该是对知识性内容的机械记忆，而应该以"隐性考核"为主题思路，将对课程思政的育人成效考核细腻无形地融入专业课程的过程性评价与结果性评价[101]。

以混凝土结构设计原理课程为例，可以：

（1）进行蕴含思政元素的课程汇报或课程讨论。例如，混凝土结构世纪工程、川藏线中混凝土结构的需求与挑战、绿色混凝土发展前沿等课程汇报或讨论。

（2）利用期中或期末考试，将思政元素融入开放性考题中。例如，考虑环保因素的桥型与桥位选择、不同养护方式的混凝土性能与能耗等。

2.4.7 结　语

本节以"混凝土结构设计原理"课程为案例，探讨了课程思政教学目标、支撑点与融入路径。土木工程专业课在结构层面与内容层面，均多有相通之处。绪论部分多涉及课程概述、工程应用、发展历程以及学习方法等。此部分可以挖掘并融入政治认同与国家意识、品德修养与专业伦理两个维度的思政元素。专业知识点章节部分可以通过收集各个知识点的研究文献与经典实验，挖掘并融入学术志向与科学精神维度的思政元素。通过上述路径，可以寻找到专业课程和课程思政的教学契合点，达到润物无声的育人效果。

2.5　人生导师协同育人机制在专业人才培养中的作用

2.5.1 引　言

2016 年 12 月，习近平总书记在全国高校思想政治工作会议上指出，"要坚持把立德树人作为中心环节，把思想政治工作贯穿教育教学全过程，实现全程育人、全方位育人，努力开创我国高等教育事业发展新局面"[102]。自从 2017 年 11 月以来，教育部贯彻全国教育大会的精神，开展了"三全育人"综合改革试点工作，赋予了人才培养工作的新时代特征和新内涵，促使国内高等教育从不同层面进行深化改革，体现以"立德树人"为中心、实现全员全过程全方位育人的战略要求[103-104]。

经过长期的探索和实践，本科生导师制已经成为我国高等院校深化本科人才培养模式改革、提高本科人才教育质量、提升本科创新人才培养能力、推动本科教育内涵式发展的重要举措[105]。目前全国各地高校已经逐步形成了项目型、实验室型、课程型、学业型、科研型、人生型、企业型等不同类型的本科生导师制运作模式，在高校的人才培养工作中共同发挥着重要的作用[106-108]。其中人生导师制是在实行专职辅导员和兼职班导师（班主任）的基础上，充分挖掘专任教师和行政管理人员的育人潜能，从思想、学业、生活、心理、就业等方面全面关心和帮助学生成人成才[109-110]。由于人生导师制在学生理想信念、价值理念、道德观念的教育中发挥着直接和重要的作用，但在执行层面上又经常与辅导员和班导师（班主任）的工作职责存在一定重叠，造成育人资源的浪费和影响实施效果。因此，在新的时代背景和育人要求下，需要系统梳理相关模式和机制之间的联系和区别，实现目标、内容、渠道等方面的协同，发挥最大效能，将"三全育人"的目标和要求合力落到实处。

针对理工科专业学院中实施人生导师制的相关问题，本书根据学生特点和需求，从需求侧和供给侧对人生导师制进行角色定位、运行模式和机制等方面内容的分析和探讨，希望充分发挥人生导师制的育人潜能，协同达成"立德树人"的目的。

2.5.2　学生群体特点及需求分析

"00后"大学生已经成为当前高校学子的主力军，这一代人的出生时代和成长环境与"80后""90后"有着明显的区别，因此需要根据育人受众的群体特点，并从学生的成人成才需求上去探讨教育教学管理模式和相关机制的构建和运行，以达到有的放矢的育人目的。

2.5.2.1　大学生群体特点分析

由于社会环境、经济条件、家庭环境、网络普及、文化多元化等因素的影响和冲击，"00后"大学生普遍具有如下的群体特点[111-113]：

（1）综合素质比较高，个性化和主体意识比较强。这与我国经济高速发展的时代背景有关，"00后"的家庭条件已经得到了较大改善，父母对子女的教育重视程度也较高，通常会为孩子提供较好的教育条件和环境，"不让孩子输在起跑线上"，因此"00后"大学生在知识教育、兴趣爱好、独立人格上得到了普遍的提升。

（2）自信，但心理承受能力相对较差。一方面，"00后"大学生在较好的成长环境中得到了较多的成长空间和锻炼机会，独立意识和自信心普遍得到提高；但另外一方面，由于父母的过度呵护，学生的心理抗压能力反而比较差，遇到困难容易产生退缩，严重的时候还会轻视自己的生命。

（3）信息获取途径广、思维活跃，但对信息的甄别和筛选能力不足。由于网络化时代的到来，"00后"大学生获取外界信息的途径较为通畅，网络活动也非常活跃，思想方式也更加多元化，思维普遍比较活跃，对新生事物容易接受。但是同时带来的弊端就是，如果没有加以正确的引导，"00后"大学生对网络信息的甄别不足，容易丧失正确的判断，不利于建立正确的人生观、价值观和世界观。

（4）处世更加务实和功利，大局意识不足。由于社会环境浮躁等因素的影响，在"00后"大学生的眼里，更加注重眼前的利益，比较务实，但也比较功利，难以从大局把握事情发展的态势和个人长期发展的需求，比如学习过程中主要关注考试成绩的高低和奖学金的评定，而不是实实在在学到了什么内容、掌握了什么技能、对个人发展有什么帮助。

（5）学习方式更加自主化、多样化。由于网络信息和教育资源的持续丰富，"00后"大学生具有更加自主化、多样化的学习方式，除了学校和课堂教育，还有网络学习、家庭教育、培训机构、实践学习等多种途径，因此，"00后"大学生的自我导学的意识和能力也得到了较大的锻炼和体现。

2.5.2.2 大学生成人成才阶段特点分析

在大学阶段，学生处于成年的早期，正是个人的世界观、人生观和价值观的形成-稳固时期，也是个人学识和能力基础奠定的关键时期，而且在大学四年期间，学生的成人成才也呈现了不同的特点：

（1）大一：这个时期总体上处于大学生的适应阶段。学生刚进入大学校门，除了学习方式和学习环境发生了较大转变以外，学生需要度过一段生活、学习、交际、心理等方面的适应期，同时也会由于缺乏约束而容易失去学习的目标和动力。在此阶段学生也通常没有明确的人生目标和清晰的规划，受到辅导员、导师等师长或朋辈的引导和影响会比较大。

（2）大二及大三：大学生在这个时期中将逐步进入稳定发展阶段，可塑性也很强。在基本适应了大学生活以后，学生积极参与丰富的课余生活，根据自身的需求提高自身某些方面的能力和拓展自己的人际圈子。同时，随着专业课学习和专业实践的铺开，学生也会对自己未来有一定的规划，逐步明确自身的发展方向。

（3）大四：这个时期是就业准备阶段，也是大学生各方面的成熟期和定型期。随着专业课学习和实践的深入，学生对行业和前景的认识更加系统深入；同时学生会把更多的时间和精力用在自身未来和前途的发展方向上，思考也更加理性，主动性也逐渐加强，促进大学生心理素质和自主意识的成熟，人生观、价值观、世界观也逐步形成。

2.5.2.3 大学生成人成才需求分析

通过对大学生群体特点和不同成人成才阶段的特点的分析可知,在大学阶段学生主要的需求体现在思想、学业、生活、心理、就业等方面,因此需要根据学生特点,采用适宜的管理模式和工作方法,更好地引导学生成人成才,解决"培养什么人""如何培养人"这些根本问题。

(1)思想:需要关注学生内心的需求和思想动态,并教育和引导学生践行社会主义核心价值观,正确对待自己、社会和他人,树立正确的世界观、人生观和价值观。

(2)学业:通过鼓励、督促、指导、交流、讨论等方式,帮助学生掌握学习要领和方法,指导学生根据专业培养方案做好学业规划,并培养学生终身学习的意识和能力。

(3)生活:深入学生群体,关心关注学生的日常生活和情感,帮助学生解决生活上遇到的困难,为学生顺利完成学业排忧解难,并做好安全教育和管理,维持学生群体安全稳定。

(4)心理:关注学生的心理健康和加强学生心理健康教育辅导,能够早发现早应对,协助心理健康教育教师做好相关工作,培养学生健全的心理品质。

(5)就业:帮助学生从专业角度认识职业,结合学生个人情况进行职业生涯规划,在职业方面给予引导,为学生提供就业指导和信息服务,帮助学生树立正确的就业观念。

总体上,在学生成人成才的指导工作上应全面覆盖以上五个主要方面的内容,满足学生"思想向导、学业指导、生活教导、心理疏导、职业指导"的全面需求。

2.5.3 学生需求分层分析及协同育人机制探讨

在"三全育人"的工作开展中,一方面强调所有的工作都要体现"立德树人"的根本任务,另外一方面也强调在全员全过程全方位的工作要形成有效合力,因此从微观层面上来说,协同育人机制也是指导学生成人成才的关键[3]。因此,应根据学生的需求在育人制度的供给侧做好相应的设计,优化育人资源配置,提高学生成人成才需求的供给能力。

2.5.3.1 学生成人成才需求层次及要素

美国心理学家马斯洛于 1943 年在《人类激励理论》中提出了为人所熟知的需求层次理论,本书可以借鉴其需求层次划分方法,将思想、学业、生活、心理、就业这五个方面从低到高划分为初级需求、中级需求、高级需求三个不同的层次,如表 2.8 所示。

表 2.8 学生成人成才需求要素与层次

需求类型	需求层次	具体要素
思想	初级	品德高尚、品行端正
思想	中级	爱国、敬业、诚信、友善
思想	高级	理想信念坚定，树立正确的人生观、价值观和世界观
学业	初级	养成良好的学习方法和习惯
学业	中级	做好学业规划，顺利完成学业，掌握扎实的专业知识和技能
学业	高级	广泛涉猎，养成自主和终身学习的能力、适应行业发展需要
生活	初级	解决生活困难，保持安全、稳定
生活	中级	能在生活中正确处理个人利益与集体利益的关系
生活	高级	在群体生活中获得他人尊重
心理	初级	身心协调，情绪稳定
心理	中级	良好的心态，积极乐观的生活态度
心理	高级	环境适应性良好，幸福感强
就业	初级	树立正确的职业认识和就业观念，获得充分的就业信息
就业	中级	客观认识自我，制定合理的职业生涯规划，具备良好的职业操守
就业	高级	具有长期发展目标、立志实现个人理想和抱负，奉献国家和社会

2.5.3.2 学生成人成才协同育人职责分工

在院系的操作层面上，围绕表 2.8 所示的学生成人成才需求，通常是通过辅导员、班导师、人生导师、课程导师、科研导师、企业导师等不同类型人员的平行制度，以及学校层面上的思政和哲学课程教师、心理辅导教师、各类职能部门和教辅人员等，全员、全过程、全方位开展育人工作。此处主要针对辅导员、班导师和人生导师这三类主要人员在学生成人成才方面的需求上，如何合理进行职责分工进行探讨。

（1）辅导员：目前国内高校基本按照 1∶200 的比例配备一线的辅导员，由于学生人数较多和辅导员工作任务繁杂，在实际执行中通常易出现辅导员无法全面深入了解和掌握每个学生的各方面情况的问题；另外由于辅导员也大多是由刚毕业不久的年轻教师担任，在各方面所能提供的指导和帮助也通常有限。但是辅导员能深入学生群体，掌握学生一线的情况和动态，所起到的影响和示范作用也非常关键，所以辅导员的主要职责至少应覆盖表 2.8 所示的"初级"和部分"中级"层次需求要素，个别类别的需求还应覆盖"高级"层次的需求要素，比如"思想"。

（2）班导师：目前通常是一个自然班配备 1~2 个由专任教师兼职的班导师，从实际执行的情况来看，班导师主要起到学业导师的作用，在某些情况下也兼备人生导师、科研导师、课程导师的职能。由于班导师普遍存在的教学任务、科研工作的压力，与学生群体接触和交流的频率不如专职辅导员，在很大程度上，其主要职责以覆盖表 2.8 中的"中级"层次的学生群体需求要素为主，个别类别的需求也应覆盖"高级"层次的需求要素。

（3）人生导师：通常是遴选出一批教学经验丰富、理念信念坚定、师德师风良好的教师承担人生导师的工作，每人通常配属少数学生（4~8 名）进行指导。由于人生导师教师资历和阅历较为丰富，行业资源也较多，可为学生提供的帮助较大、对学生的影响更为深远，且可以根据学生个性化发展的需要提供有针对性的指导，因此人生导师的主要职责应覆盖表 2.8 中的"高级"层次需求要素为主，是对辅导员、班导师工作的拓展和延伸。

以上所述的供给侧职责分工，也可以用图 2.17 所示的关系来进行表述。

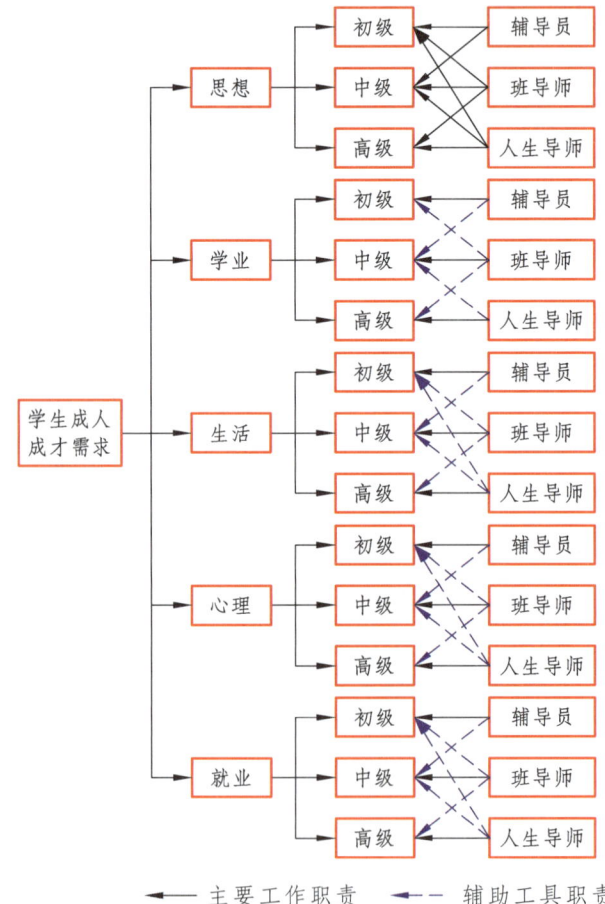

图 2.17　学生成人成才协同育人职责分工

通过以上工作职责的划分，对辅导员、班导师、人生导师各自的定位和工作职责进行了科学合理的区分，能较好地协调学生成人成才过程中的"共性指导"和"个性发展"之间的关系。需要说明的是，在"三全育人"的视域下，学生成人成才全过程中的思想需求的各层次要素，应均是辅导员、班导师、人生导师都需要主要关注的工作内容，以形成整合统一的价值追求和思想导向。

2.5.3.3 学生成人成才协同育人机制

在协同育人机制上，主要解决育人体系的目标、内容、渠道、队伍的相互协同，保持多向互动和良性循环的育人格局[2]。在图2.17所示的协同育人体系中，主要采取如下方式，构建操作层面的协同育人机制：

（1）目标协同体现在所有育人工作，都要以"立德树人"为中心，落实培养社会主义建设者和接班人的根本任务。

（2）内容协同体现在育人的各项工作中，均以学习实践习近平新时代中国特色社会主义思想为重点，着力在坚定理想信念、厚植爱国主义情怀、加强品德修养、增长知识见识、培养奋斗精神、增强综合素质上下功夫。

（3）渠道协同重在以"思想向导、学业指导、生活教导、心理疏导、职业指导"等主要方面的工作（途径）为抓手，采取多种方式开展工作，并与外部的单位和力量共同形成合力。

（4）队伍协同重在构建以学生为中心，辅导员、班导师和人生导师等为主要育人力量的多方联动机制（如图2.18所示），互补互动，合力育人。

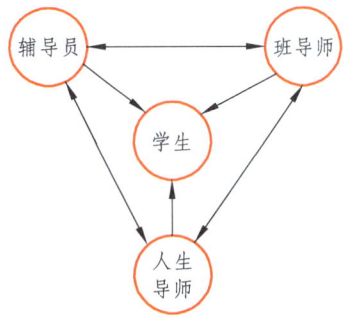

图2.18　学生成人成才协同育人联动机制

2.5.4　人生导师运行模式实践与探索

笔者所在学院目前采取如下的运行模式，开展人生导师的工作实践与探索。

2.5.4.1 实行人生导师岗位聘任制

制定人生导师的聘任和管理办法,遴选出一批合格的教师担任人生导师,遴选条件主要包括:

(1)具有坚定正确的政治方向、忠诚于党的教育事业,师风师德良好。

(2)本科教学经验丰富,熟悉专业人才培养计划,熟悉学校教学和学生管理的各项规章制度。

(3)一般应具有中级以上职称,具有较高专业水平。

(4)为人师表,热爱学生,乐于奉献,责任心强。

通过面向院内教师发布遴选通知、并与教师的岗位任务挂钩,动员符合条件的教师积极报名参加遴选,由学院组织聘任小组,根据报名人数和相关材料进行审核,并对通过遴选的人员颁发聘书,聘期一般与受导学生的在校学习年限同步。

2.5.4.2 实行人生导师岗位责任制

通过制定管理办法,明确人生导师的工作职责,帮助人生导师做到强化角色、目标明确、方法得当、工作有效。

(1)如图2.17所示,将人生导师的工作职责与辅导员、班导师的职责进行合理区分和明确,形成相互统一、有机衔接的育人体系,从"思想向导、学业指导、生活教导、心理疏导、职业指导"五个主要方面的不同层次的工作,相互配合,形成合力,协同开展育人工作。

(2)在人生导师工作的开展方式上,人生导师可以以座谈、沙龙、讲座、实践等具体形式,通过即时通信工具、网络等载体,开展经常性的、不定期的、有针对性的教育活动,力求形式"活"、内容"活"、方法"活",多方面对学生进行指导,每学年应有指导工作总结。

(3)在人生导师与学生见面的频次上,要求导师与所指导的学生进行集体交流不低于1次/月,与所指导的学生进行个人指导或走访不低于1次/学期,并做好相关记录工作。

2.5.4.3 实行人生导师聘期考核制

建立了全面覆盖人生导师工作过程和工作效果的考核制度,由学院每学年统一组织实施,考核结果与教师的岗位考评、工作量计算、先进评选等挂钩,给予教师一定的约束和激励。

（1）人生导师工作考核采用工作开展情况、学生测评结果、学院评议相结合的方式开展，综合考评结果分为"优秀""合格""不合格"三个等级。

（2）对于综合考评为"优秀"的人生导师，学院通报表彰并颁发荣誉证书以资鼓励，并在新一轮聘任中优先考虑。

（3）对于综合考评为"不合格"的人生导师，停止聘任人生导师，并取消教师下一轮人生导师聘任资格3年。

2.5.4.4 实行人生导师制的预期成效

通过以上运作模式和工作机制的构建，预期将取得如下的成效：

（1）在原有辅导员、班导师的基础上，为学生增加配备人生导师，对辅导员和班导师的工作进行了拓展和延伸，使得学生的思想政治教育和管理体系更加完善，管理和育人工作更加细致有效。

（2）构建了同向合力的协同育人体系和工作机制，明确了工作职责，加强了辅导员、班导师和人生导师等主要育人力量之间的协同性，多维并进、互补互动。

（3）通过引入人生导师，拉近和师生距离，能更多地关注到学生个体的实际情况和需求，也较好地解决了学生"共性指导"和"个性发展"的需求问题，本质上是改善了供给侧和需求侧的隔阂和矛盾问题。

2.5.5 结语及讨论

在"三全育人"的理念下开展院（系）层面人生导师制的实践与探索，是希望构建更为完善的育人工作机制，并实现育人资源和育人模式的相互协同和多方育人力量的联动，更好地将"立德树人"的根本任务融入学生成人成才的各培养环节，实现全员、全过程、全方位的育人目的。

在人生导师制的实践中，也需要持续不断地探索和完善，解决实际运行中可能出现的各种问题，比如：如何从制度和配套措施上保证人生导师的工作开展有效性和持续性，避免流于形式；在人生导师的工作考评制度上，应科学合理地量化具体的工作指标，对教师形成更为有效的约束和激励，提高教师的积极性；应构建与外部育人力量之间的协同机制，加强联动，提高育人效果。同时，由于各高校的实际情况和工作机制也有一定差别，也需要各高校因地制宜地构建和完善相应的本科生导师制度，切实提升人才培养水平。

参考文献

[1] 中华人民共和国教育部. 教育部办公厅关于公布首批"三全育人"综合改革试点单位名单的通知(教思政厅函〔2018〕36号)[Z]. 2018-10-19.

[2] 中华人民共和国教育部. 高等学校课程思政建设指导纲要(教高〔2020〕3号)[Z]. 2020-05-28.

[3] 西南交通大学. 土木工程专业培养方案[R]. 西南交通大学土木工程学院,2020.

[4] 李丽娟,杨文斌,肖明,等. 跨学科多专业融合的新工科人才培养模式探索与实践[J]. 高等工程教育研究,2020(1):25-30.

[5] 任玉琢,徐利梅,谢晓梅,等. 面向新工科的本科专业培养方案及创新课程设计与实践[J]. 高等工程教育研究,2019(3):29-32,46.

[6] 蔡瑶. 价值观教育视域下的美国大学通识教育研究[M]. 北京:人民出版社,2019.

[7] 张驰,宋来. "课程思政"升级与深化的三维向度[J]. 思想教育研究,2020(2):93-98.

[8] 赵建昕,李丹妮,毛俊超. 数学隐性教育对军校学员的血性培养[J]. 高教学刊,2020(19):92-94.

[9] 周建彩,李德,孙小涵. 运用态度构成理论培育当代军人核心价值观[J]. 科技信息,2008(35):629,578.

[10] 张驰. 教师的课程思政建设意识及其培育[J]. 思想理论教育,2020(9):71-76.

[11] 白逸仙,柳长安,艾欣,等. 工程教育改革背景下传统工科专业的挑战与应对——基于十校"电气工程及其自动化"培养方案的实证调查[J]. 高等工程教育研究,2018(3):53-62.

[12] 王卫东,彭立敏,余志武,等. 土木工程专业特色人才多元化培养模式研究与实践[J]. 高等工程教育研究,2015(1):144-148,160.

[13] 自然辩证法概论编写组. 自然辩证法概论[M]. 北京:高等教育出版社,2004.

[14] 涂良成,黎卿,邵成刚,等. 万有引力常数G的精确测量[J]. 中国科学:物理学 力学 天文学,2011,41(6):691-705.

[15] 汤涛. 冯康传[M]. 杭州：浙江教育出版社，2020.

[16] 石钟慈. 有限元方法[M]. 北京：科学出版社，2010.

[17] [英]纽曼. 大学的理想[M]. 徐辉，顾建新，何建荣，译. 杭州：浙江教育出版社，2001.

[18] 张晋铭. 文艺复兴对近代科学的影响[J]. 学理论，2013（27）：163-164.

[19] 杨渝玲，王辉. 近代科学兴起的艺术溯源[J]. 中国矿业大学学报（社会科学版），2014，16（3）：118-122.

[20] 杨渝玲. 宗教改革：近代科学产生的宗教背景[J]. 自然辩证法通讯，2010，32（4）：79-85，128.

[21] 杨清松. 基督教与近代科学的兴起[D]. 上海：复旦大学，2010.

[22] 刘克明，杨叔子. 画法几何学的历史及其现代意义纪念蒙日画法几何学公开发表200周年[J]. 数学的实践与认识，1998（3）：281-288.

[23] [英]罗素. 西方哲学史[M]. 马元德，译. 北京：商务印书馆，2018.

[24] 全国工程硕士政治理论课教材编写组. 自然辩证法：在工程中的理论与应用[M]. 北京：清华大学出版社，2012.

[25] 李雁冰. "科学、技术、工程与数学"教育运动的本质反思与实践问题——对话加拿大英属哥伦比亚大学Nashon教授[J]. 全球教育展望，2014，43（11）：3-8.

[26] 赵莉香，高波，苏谦，等. 美国普渡大学土木工程综合设计课程分析[J]. 中国大学教学，2017（4）：87-93.

[27] 夏嵩，王艺霖，肖平，等. 土木工程专业教育中工程伦理因素的融入——"课程思政"的新形式[J]. 高等工程教育研究，2020（1）：172-176.

[28] 陈云，卢春房，盛黎明，等. 基于共建共赢的中欧班列高质量发展战略研究[J]. 中国工程科学，2020，22（3）：125-131.

[29] 林同炎. 结构的概念与体系[M]. 北京：中国建筑工业出版社，2001.

[30] 习近平在中国科学院考察时强调：深化科技体制改革增强科技创新活力 真正把创新驱动发展战略落到实处[N]. 人民日报，2013-07-18.

[31] 万林. 武汉长江大桥建设中的片段回忆[J]. 武汉文史资料，2007（10）：4-8.

[32] 梅兴无. 万里长江第一桥——武汉长江大桥建设始末[J]. 档案春秋，2019（2）：10-15.

[33] 高原. 成渝铁路修建史[J]. 史料之窗，2010（1）：57-58.

[34] 傅高义. 邓小平时代[M]. 北京：生活·读书·新知三联书店，2013.

[35] 楚东杰. 结构主义教学论探析[J]. 教育教学论坛，2016（19）：179-180.

[36] 港珠澳大桥工程体现勇创世界一流的民族志气[N]. 人民日报，2018-10-24.

[37] 习近平在纪念全民族抗战爆发七十七周年仪式上的讲话[N]. 人民日报，2014-07-08.

[38] 杨成，富海鹰，蒲黔辉. "一带一路"背景下交通土建高层次国际化人才培养探索[J]. 高等工程教育研究，2019（5）：110-114.

[39] 杨成，李力，李彤梅，等. 英国布里斯托大学工学院Masterclass课程评点[J]. 高等工程教育研究，2012（4）：142-145，152.

[40] 赵莉香，高波，苏谦，等. 美国普渡大学土木工程综合设计课程分析[J]. 中国大学教学，2017（4）：87-93.

[41] 张智钧. 工科专业实践教学的问题分析与改革探讨[J]. 中国高教研究，2005（6）：81-82.

[42] 赵晓霞，王卫东，蒋琦玮，等. 新工科视角下土木工程核心能力实践教育体系建设[J]. 高等工程教育研究，2020（1）：31-36.

[43] 李丽娟，杨文斌，肖明，等. 跨学科多专业融合的新工科人才培养模式探索与实践[J]. 高等工程教育研究，2020（1）：25-30.

[44] 刘世平，骆汉宾，孙峻，等. 关于智能建造本科专业实践教学方案设计的思考[J]. 高等工程教育研究，2020（1）：20-24.

[45] 高德毅，宗爱东. 课程思政：有效发挥课堂育人主渠道作用的必然选择[J]. 思想理论教育导刊，2017（1）：31-34.

[46] 陆道坤. 课程思政推行中若干核心问题及解决思路——基于专业课程思政的探讨[J]. 思想理论教育，2018（3）：64-69.

[47] 余江涛，王文起，徐晏清. 专业教师实践"课程思政"的逻辑及其要领——以理工科课程为例[J]. 学校党建与思想教育，2018（1）：64-66.

[48] 徐长福. 从马克思实践概念的价值维度看"人文关怀"问题[J]. 哲学研究，2003（3）：38-39.

[49] 竺柏康, 石一民. 地方高校专业实践教学体系建设中的校企合作机制探索[J]. 高等工程教育研究, 2012（6）: 136-138.

[50] 杨丽珍.《德意志意识形态》中的马克思历史观新探[M]. 北京: 科学出版社, 2013.

[51] 刘峥. 大学生认同与践行社会主义核心价值观研究[D]. 武汉: 中南大学, 2012.

[52] 李华, 胡娜, 游振声. 新工科: 形态、内涵与方向[J]. 高等工程教育研究, 2017（4）: 16-19, 57.

[53] 陈娣娟. 中国高铁海外工程承包影响因素研究[D]. 合肥: 安徽大学, 2019.

[54] 邓孟仁. 岭南超高层建筑生态设计策略研究[D]. 武汉: 华南理工大学, 2017.

[55] 曹柳星, 贺曦鸣, 窦吉芳. "新工科"视角下的"课程思政"实践——面向理工科专业本科生的主题式通识写作课设计[J]. 高等工程教育研究, 2021(1): 24-30.

[56] 郭永春. 新工科课程体系中的工程设计思维[J]. 高等工程教育研究, 2021（1）: 39-43, 55.

[57] 徐小洲, 臧玲玲. 创业教育与工程教育的融合——美国欧林工学院教育模式探析[J]. 高等工程教育研究, 2014（1）: 103-107.

[58] 李志义. 解析工程教育专业认证的持续改进理念[J]. 中国高等教育, 2015(Z3): 33-35.

[59] POSNER G J, STRKE K A, et al. Accommodation of a scientific conception: toward a theory of conceptual change[J]. Science Education, 1982（2）: 212-226.

[60] STRIKE K A, POSNER G J. A revisionist theory of conceptual change[M]//DUSCHL R, HAMILTON R. Philosophy of science, cognitive psychology, and educational theory and practice. Albany, NY: SUNY Press, 1992: 147-276.

[61] SPIRO R J, JEHNG J C. Cognitive flexibility and hypertext: theory and technology for the nonlinear and multidimensional traversal of complex subject matter[M]//Nix D, Spiro R. Cognition, education, multimedia: exploring ideas in high technology. New Jersey: Lawrence Erlbaum, Hillsdale, 1990: 163-205.

[62] 项永芳. 建构主义视野下教学情境的设计与实践之研究[D]. 苏州: 苏州大学, 2010.

[63] LAVE J, WENGER E. Situated learning: legitimate peripheral participation[M]. New York: Cambridge University Press, 1991: 64-68.

[64] 中华人民共和国国民经济和社会发展第十四个五年规划和2035年远景目标纲要[N]. 人民日报, 2021-03-13（001）.

[65] 范幸. 把握智能家居发展机遇, 推进城市数字化转型[J]. 张江科技评论, 2021（1）: 60-63.

[66] 郭美荣, 李瑾. 数字乡村发展的实践与探索——基于北京的调研[J]. 中国农学通报, 2021, 37（8）: 159-164.

[67] COOASE R H. 企业、市场与法律[M]. 盛洪, 陈郁, 译. 上海: 格致出版社, 上海三联书店, 上海人民出版社, 2009.

[68] RUSSELL H. 伙伴关系——厄勒海峡通道项目管理成功之道[M]. 李英, 译. 北京: 人民交通出版社, 2017.

[69] 蔡瑶. 价值观教育视域下的美国大学通识教育研究[M]. 北京: 人民出版社, 2017.

[70] 林同炎, 斯多台斯伯利结构的概念与体系[M]. 北京: 中国建筑工业出版社, 2001.

[71] 林剑. 论实践唯物主义视野中的实践范畴与唯物史观的逻辑结构[J]. 哲学研究, 2004（12）: 3-7, 91.

[72] 李勇, 司顺文. 乡村公路建设对缓解乡村贫困的影响分析——以贵州省榕江县Y村为例[J]. 农村经济与科技, 2013, 24（4）: 46-49.

[73] 杨成, 高夕良, 李力, 等. 大型火车站台结构的地震作用下扭转不规则分析[C]// 中国建筑学会抗震防灾分会. 第八届全国地震工程学术会议论文集（Ⅰ）, 2010: 2.

[74] 蒋华林. 工程师伦理培养: 工程教育不能承受之重[J]. 高等工程教育研究, 2009（6）: 37-40.

[75] 冯忠良, 等. 教育心理学[M]. 北京: 人民教育出版社, 2010.

[76] 林健. 如何理解和解决复杂工程问题——基于《华盛顿协议》的界定和要求[J]. 高等工程教育研究, 2016（5）: 17-26, 38.

[77] 中国工程教育专业认证协会秘书处. 工程教育认证工作指南[S]. 北京: 中国工程教育专业认证协会, 2016.

[78] 罗欣,范春萍. 中外工程伦理教育研究述评——基于CNKI和WOS数据库文献的共词分析[J]. 中国科技论坛, 2018（2）: 169-179.

[79] 陈秉公. 探索哲学社会科学育人的规律——学习习近平在全国高校思想政治工作会议上的讲话[J]. 马克思主义理论学科研究, 2017, 3（2）: 145-152.

[80] 陈宝生. 在新时代全国高等学校本科教育工作会议上的讲话[J]. 中国高等教育, 2018（Z3）: 4-10.

[81] 习近平. 在北京大学师生座谈会上的讲话[J]. 思想政治工作研究, 2018（6）: 6-9.

[82] 何菁,丛杭青. 中国工程伦理教育的实践创新探析[J]. 江苏高教, 2017（6）: 29-33.

[83] 邬晓燕. 美国工程伦理教育的历史概况、教学实践和发展趋向[J]. 自然辩证法通讯, 2018, 40（3）: 122-127.

[84] 董小燕. 美国工程伦理教育兴起的背景及其发展现状[J]. 高等工程教育研究, 1996（3）: 73-77.

[85] 习近平在全国高校思想政治工作会议上强调: 把思想政治工作贯穿教育教学全过程开创我国高等教育事业发展新局面[J]. 实践（思想理论版）, 2017（2）: 30-31.

[86] 骆郁廷,郭莉. "立德树人"的实现路径及有效机制[J]. 思想教育研究, 2013（7）: 45-49.

[87] 韩宪洲. 论课程思政建设中的几个基本问题——课程思政是什么、为什么、怎么干、怎么看[J]. 北京教育（高教）, 2020（5）: 48-50.

[88] 高建华. 工程伦理维度下建筑类高校思政课教学的探索与实践[J]. 高教学刊, 2020（17）: 154-156.

[89] 钟波涛,吴海涛,陶婵娟,等. 基于知识图谱的工程伦理教育研究现状述评[J]. 高等建筑教育, 2020, 29（2）: 122-129.

[90] 邱伟光. 课程思政的价值意蕴与生成路径[J]. 思想理论教育, 2017（7）: 10-14.

[91] 卢黎歌,吴凯丽. 课程思政中思想政治教育资源挖掘的三重逻辑[J]. 思想教育研究, 2020（5）: 74-78.

[92] 夏红春. 混凝土结构设计原理课程教学改革与实践[J]. 高等建筑教育, 2019, 28（1）: 83-87.

[93] 张双洋,赵人达,占玉林,等. 收缩徐变对高铁混凝土拱桥变形影响的模型试验研究[J]. 铁道学报, 2016, 38（12）: 102-110.

[94] 周绪红，张喜刚. 关于中国桥梁技术发展的思考[J]. Engineering，2019，5（6）：1120-1130，1245-1256.

[95] 郑皆连，王建军. 中国钢管混凝土拱桥[J]. Engineering，2018，4（1）：306-331.

[96] 范必. 排放权之争是发展权之争[J]. 中国与世界观察，2007（2）：98-101，174-178.

[97] 张海军，段茂盛. 碳排放权交易体系政策效果的评估方法[J]. 中国人口·资源与环境，2020（5）：17-25.

[98] 中共中央国务院关于进一步加强城市规划建设管理工作的若干意见[N]. 人民日报，2016-02-22（006）.

[99] KHAN I, XU T, CASTLE A, et al. Risk of early age cracking in geopolymer concrete due to restrained shrinkage[J]. Construction and Building Materials，2019（229）：116840-116850.

[100] 杜震宇，张美玲，乔芳. 理工科课程思政的教学评价原则、标准与操作策略[J]. 思想理论教育，2020（7）：70-74.

[101] 习近平在全国高校思想政治工作会议上强调：把思想政治工作贯穿教育教学全过程 开创我国高等教育事业发展新局面[N]. 人民日报，2016-12-09.

[102] 杨晓慧. 高等教育"三全育人"：理论意蕴、现实难题与实践路径[J]. 中国高等教育，2018（12）：4-8.

[103] 杨仁树. 本科生全程导师制：内涵、运行模式和制度保障[J]. 中国高等教育，2017（6）：58-60.

[104] 叶佳. 新时代高校的"三全育人"工作机制研究[J]. 高教学刊，2019（15）：46-48.

[105] 石达次仁，罗爱军. 本科生导师制的实践与创新[J]. 黑龙江高教研究，2016（4）：77-80.

[106] 钟炜辉，史庆轩，黄莺，等. 土木工程专业本科生导师制多方式融合及方案设计[J]. 工程建设与设计，2018（7）：20-22.

[107] 单伽锃，吴炜超，张伟平. 面向个性化培养的"本科生导师制"模式探索与信息化实践[J]. 高等建筑教育，2019，28（4）：34-39.

[108] 张加亮. 全人教育理念下大学生人生导师制模式探析[J]. 学校党建与思想教育，2010，（26）：73-74.

[109] 冯金冰. 科学发展观指导下的人生导师工作的实践与探索[J]. 管理观察，2017（36）：132-134.

[110] 吕宁，由馨媛."00后"大学生的思想特点和行为规律调研及其应对[J]. 大学教育，2019，（9）：98-100.

[111] 余昌梅."00后"大学生群体特点及教育管理模式管理[J]. 齐齐哈尔师范高等专科学校学报，2019（3）：1-3.

[112] 邓志宏，刘智中. 新时期大学生思想特点、标签和网络多元思潮应对[J]. 高教论坛，2019，（5）：85-91.

土木工程课程思政教学案例选编

为了充分发挥课堂教学的主渠道，使各类课程与思想政治理论课程同向同行，形成协同效应。土木工程学院在解析专业人才培养和国家发展需求的关系，凝练和探索核心价值观在培养体系的基础上，提出了课程思政的建设方法。

学院通过分梯次、批次树立课程思政范式，总结了不同类型课程思政元素和价值观凝练路径的异同点，结合马克思主义哲学基本原理，提出了思政元素挖掘方法：在数理类基础课和工程科学原理教学中突出辩证唯物主义，特别是自然辩证法的分析能力，在讲述工程的建造背景和社会影响和中突出历史唯物主义分析方法，在专业实践课中突出运用辩证唯物主义认识论的总结方法。有效提升了教师队伍课程思政的建设意识，强化执行力度，拓宽了思政元素的融入路径。

在此方法基础上，进一步专注办学服务行业特色，结合"四史"学习教育，立足中国铁路工程史和中国铁路教育史，将大国工程、全球视野、使命担当、工匠精神、工程伦理等要素充分融入具体的教学内容；结合情境教学等先进手段，针对不同课程中的科学、技术、工程教育内涵差异，以及课堂教学和实践教学的范式差异，进一步细化了应用马克思主义哲学不同分支，进一步凝练思政元素的融入路径，并在一定程度上重构了课程思想内涵。

本章将课程思政元素挖掘较为准确，融入较为自然，实际授课效果较好，内容特色鲜明的教案或课件摘录出来进行汇集，有助于进一步总结和提升课程思政教学水平。

3.1 "地下工程防水"课程思政案例

3.1.1 课程设计及授课内容节选

本节以"一个历程""一位院士""一个重大工程"的"3个一"策略,将专业与思政元素有机融合。

(1)"一个历程":以技术标准为切入点,介绍我国地下工程防水技术的发展历程,以典型工程案例为代表介绍我国地下工程建设及其防水技术方面取得的辉煌成就,在增加学生专业知识的同时,激发学生的民族自豪感。

(2)"一位院士":以专业领域的杰出人物为例(王梦恕),讲述其在我国地下工程建设和发展过程中,所做出的重大贡献。

(3)"一个重大工程":水滴石不穿——港珠澳大桥海底隧道是如何防水的?2017年3月7日,万众瞩目的港珠澳大桥海底隧道完成了最后一个管节的安装,意味着这个"世纪工程"打赢沉管安装的"收官之战"。这条5.6千米的海底隧道,在攻破重重技术难关之后,保证了40米水压下的"滴水不漏",打破了世界纪录。

3.1.2 课程思政PPT展示(图3.1)

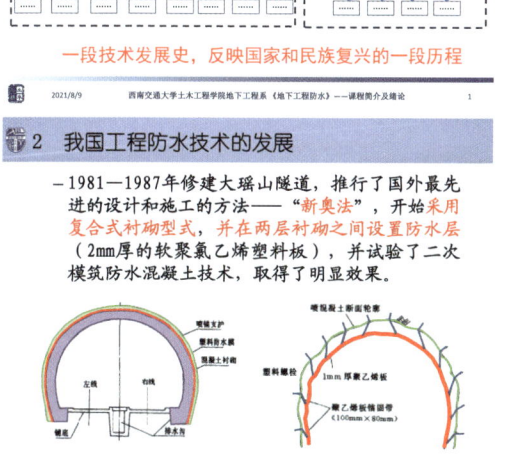

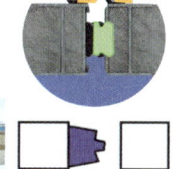

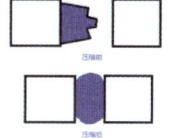

图3.1 "地下工程防水"课程教学PPT节选

3.2 "地下结构地震响应与抗震设计"课程思政案例

3.2.1 课程设计及授课内容节选

本节主要讲授地下结构震害特性、地震作用下地下结构动力响应特性、地下结构抗震计算方法及抗震减震措施等知识。

（1）根据课程内容设计，结合地震工程学的研究背景及意义部分，讲述我国地震分布、地震频发所带来的潜在危害，让同学们认识到国家在基础设施建设方面所面临的巨大挑战，领会国家克服各种困难积极开展交通基础设施建设，从而带领人民摆脱贫困实现民富国强的伟大理想。

（2）结合汶川地震案例，介绍地震发生后国家积极组织各方力量、竭尽全力抗震救灾，体现了国家以民为本、一心为人民的情怀，彰显了社会主义制度的优越性；抗震救灾过程中，人民军队不畏艰难险阻、不怕牺牲的精神又一次凸显，军民鱼水情让同学们在感受震灾的悲痛同时也感受到了温情。其中二郎山隧道、鹧鸪山隧道在"汶川地震"中经受了严峻考验，同时为抗震救灾开辟了一条生命通道，体现了科技的力量，号召同学们学好科学知识，将来报效祖国，服务人民。

3.2.2 课程思政PPT展示（图3.2）

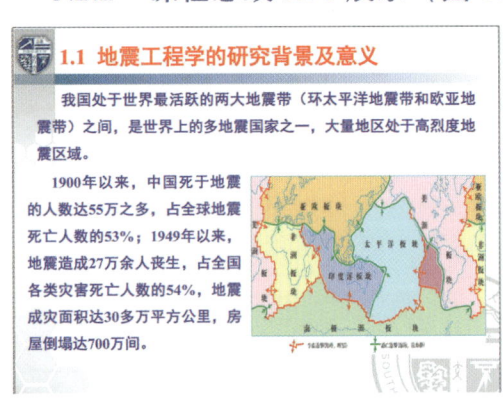

图3.2 "地下结构地震响应与抗震设计"课程教学PPT节选

3.3 "地下空间利用"课程思政案例

3.3.1 课程设计及授课内容节选

教学目标、要求：

了解人类发展与空间资源开发的关系；认识开发地下空间的前景及如何开发地下空间；了解地下空间利用的形态。

教学设计：

（1）为什么要大力开发地下空间？

要破解城市病问题，在"向太空要空间、向海洋要空间、向地下要空间"三者中，向地下要空间最现实可行。再讲述开发地下空间的技术可能性、前景，以及地下空间与城市可持续发展的关系，突出地下空间不可替代的作用。

思政元素融入：在讲述地下空间的开发利用是实现城市可持续发展的重要途径时，把国家在可持续发展方面不同阶段的思想论述（可持续发展、科学发展观、中国梦）带入阐述。

（2）如何开发地下空间？

缺乏规划使得地下空间被不合理利用，地下空间的有效和可持续利用常常被"先到先使用"原则所阻碍。列举一些规划地下空间利用的现有经验和案例。

思政元素融入：借用《礼记·中庸》中的古语"凡事预则立，不预则废"说明前期规划的重要性，同时突出中国古代文化、哲学思维的博大精深。

（3）地下空间利用的形态。

简要阐述地下防空洞、地下综合管廊的特点，列举工程案例。

思政元素融入：引入国家领导人的讲话"要把人防工程作为地下空间开发利用的重要载体，更好发挥地下资源潜力，形成平战结合、相互连接、四通八达的城市地下空间"。在阐述地下综合管廊发展必要性的时候，引入国家政策导向和政府工作报告内容，在学习专业知识的同时，了解国家政策方针。

3.3.2 课程思政 PPT 展示（图 3.3）

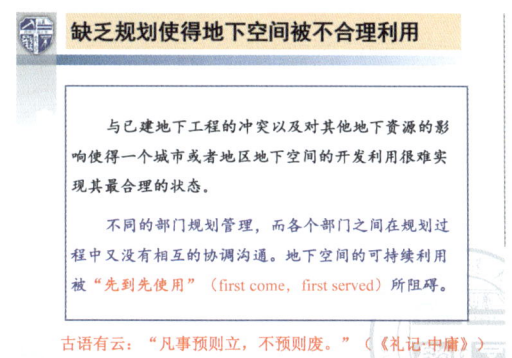

图 3.3 "地下空间利用"课程教学 PPT 节选

3.4 "山岭隧道"课程思政案例

3.4.1 课程设计及授课内容节选

教学目标、要求：

理解隧道的基本概念和分类；了解山岭隧道工程的发展历史、趋势和我国山岭隧道工程建设成就；掌握隧道工程建设特点和建设理念；熟悉课程的学习内容、要求和学习方法。

教学设计：

（1）隧道的概念、分类及隧道工程的历史。

给出隧道工程的定义，并指出最恰当的定义，给出不同隧道分类方式和具体指标；

思政元素融入：人类改造自然、造福人民的崇高理想，不断追求真理和技术进步的科学精神。

（2）中国隧道工程建设成就与发展。

介绍中华人民共和国成立，特别是改革开放以来我国在各类隧道建设和技术所取得的辉煌成就。

思政元素融入：以中华人民共和国建立前后隧道建设和技术发展方面的对比以及当前的领先地位，激发学生的爱国热情和民族自豪感，彰显社会主义集中力量办大事和中国共产党坚强领导下的制度优势，树立奋发图强、至诚报国的理想和信念。

（3）隧道及地下工程的建设特点与建设理念。

与地上结构在荷载和结构相互作用上的区别，围岩的"三位一体性"。

思政元素融入：地下工程的不可逆性、高风险性，坚持科学决策、科学建设和可持续发展理念。

3.4.2 课程思政 PPT 展示（图 3.4）

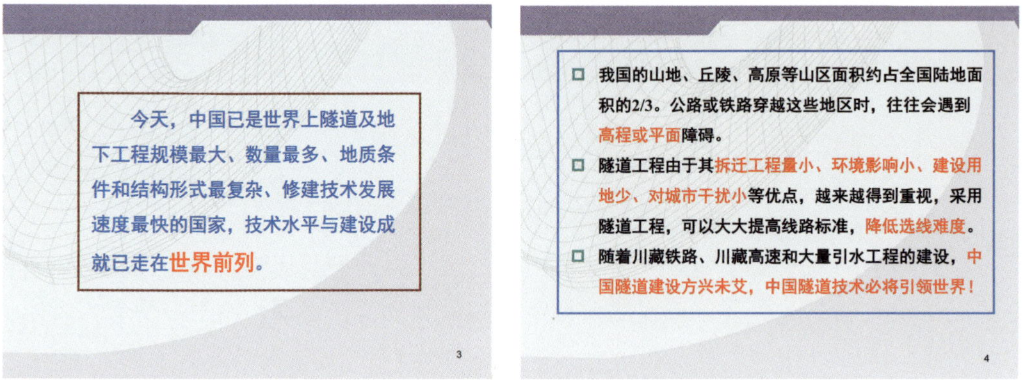

> 今天，中国已是世界上隧道及地下工程规模最大、数量最多、地质条件和结构形式最复杂、修建技术发展速度最快的国家，技术水平与建设成就已走在**世界前列**。

- 我国的山地、丘陵、高原等山区面积约占全国陆地面积的2/3。公路或铁路穿越这些地区时，往往会遇到**高程或平面**障碍。
- 隧道工程由于其**拆迁工程量小、环境影响小、建设用地少、对城市干扰小**等优点，越来越得到重视，采用隧道工程，可以大大提高线路标准，**降低选线难度**。
- 随着川藏铁路、川藏高速和大量引水工程的建设，**中国隧道建设方兴未艾，中国隧道技术必将引领世界！**

图 3.4 "山岭隧道"课程教学 PPT 节选

3.5 "水下隧道"课程思政案例

3.5.1 课程设计及授课内容节选

教学目标、要求：

了解我国现代化交通网建设要求与水下隧道发展现状；理解水下隧道工程的优势、作用、修建方法以及设计施工技术重难点；了解水下隧道理念更新及关键技术；以革命先辈的先进事迹为实例，弘扬榜样的力量。

教学设计：

（1）引言：水下隧道概述。

在跨越江河湖海的交通方面，水下隧道有其独有的优势，近些年来在国内外发展迅速。与一般的山岭隧道不同，水下隧道又有其自身的特点和难点。在深入分析水下隧道的巨大优势后，论述国内外水下隧道的发展现状。

思政元素融入：深入贯彻《交通强国建设纲要》，建设现代化高质量综合立体交通网络，推动交通运输高质量发展。

（2）水下隧道的修建方法。

详细阐述钻爆法、盾构法、沉管法及悬浮隧道等水下隧道修建方式的特点、技术难点、适用条件以及应注意的相关问题，并比较这几种修建方法的优缺点。

思政元素融入：实践创新和理论创新永无止境。要根据时代变化和实践发展，不断深化认识，不断总结经验，不断实现理论创新和实践创新良性互动。

（3）水下隧道设计、施工重难点分析及关键技术。

总结分析水下隧道设计、施工的重难点及其关键技术；以台湾海峡海底铁路隧道为案例，深入讨论台湾海峡海底铁路隧道的合理性、断面设计和施工要点。

思政元素融入：树立职业道德观，弘扬工匠精神，把工匠精神融入隧道建设的每一个环节，敬畏职业、追求完美。

（4）介绍革命先辈的先进事迹。

一代又一代知识分子为我国革命、建设、改革事业贡献智慧和力量，有的甚至献出宝贵生命，留下了可歌可泣的事迹。

思政元素融入：向榜样学习，传承精神，爱国奋斗。

3.5.2 课程思政 PPT 展示（图 3.5）

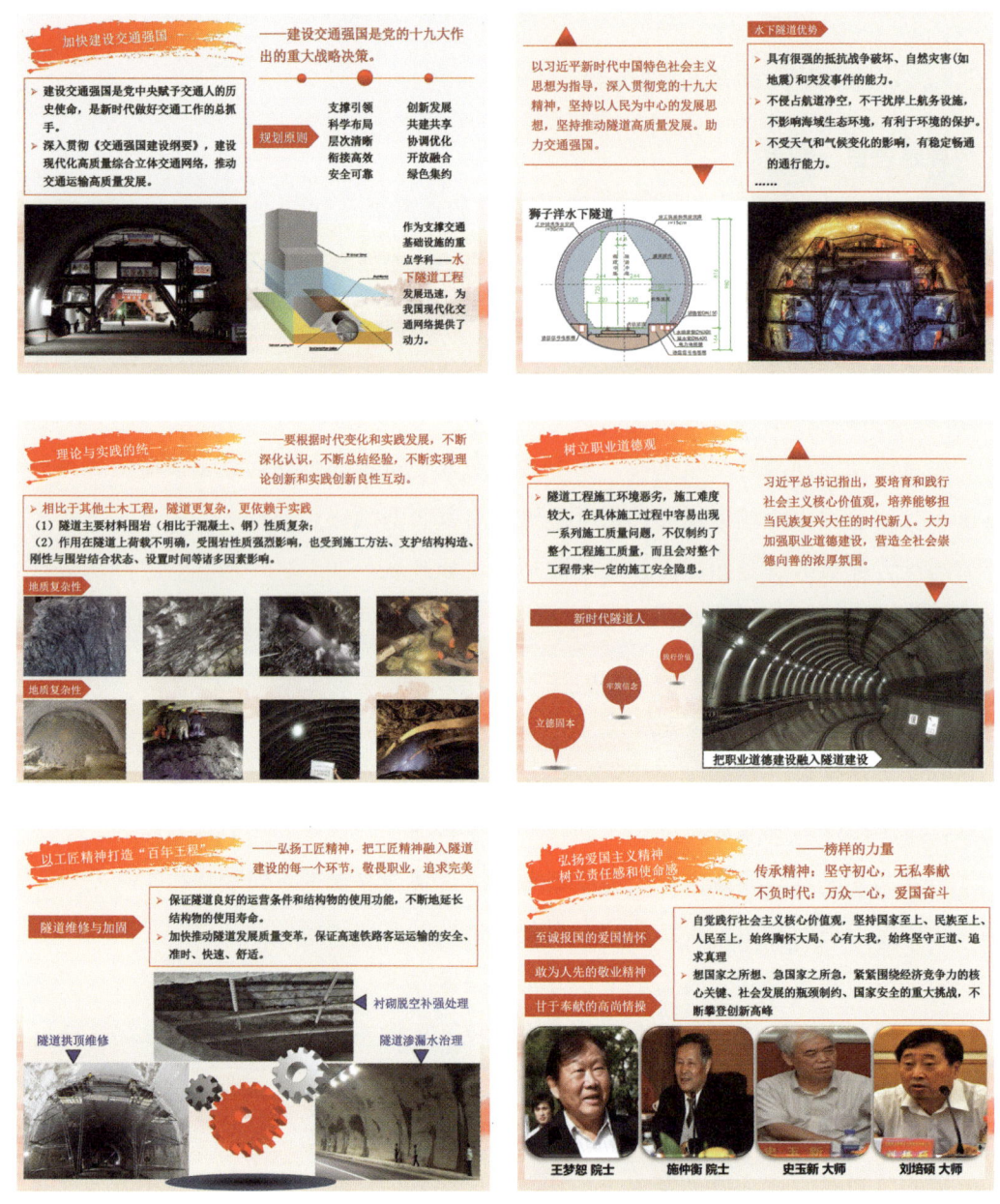

图 3.5 "水下隧道"课程教学 PPT 节选

3.6 "隧道洞口景观设计"课程思政案例

3.6.1 课程设计及授课内容节选

教学目标、要求：

以工程景观为切入口，使同学们了解工程景观的概念及内涵，展现中国工程技术成就、大国工程技术水平及今后发展趋势。

教学设计：

（1）巴西基督像。

里约热内卢基督像（救世基督像，葡萄牙语：Cristo Redentor）也叫巴西基督像，是一座装饰艺术风格的大型耶稣基督雕像，位于巴西的里约热内卢基督山上，是该市的标志，也是世界最闻名的纪念雕塑之一。

思政元素融入：杰出的工程景观设计会产生地标效应，在实现功能的前提下，还能提高城市或地区的知名度，甚至能为当地的旅游业创造新的机遇。

（2）新加坡滨海湾金沙酒店。

滨海湾金沙酒店坐落于 Marina Bay 滨海湾，由三座连成一串的酒店大楼组成，顶部建有景色壮观的空中花园。滨海湾金沙酒店可在同一个目的地实现商务与休闲的完美融合，打造绝无仅有的独特体验，该酒店景观选型独特，形成独一无二的景观特征。

思政元素融入：在地理自然有限的条件下，可最大限度地发挥人造工程景观的优势。

（3）天安门广场。

天安门广场记载了中国人民不屈不挠的革命精神和大无畏的英雄气概，同时还是无数重大政治、历史事件的发生地，是中国从衰落到崛起的历史见证。

思政元素融入：天安门广场是中国政治中心的标志性建筑，也是中国的标志性建筑。

（4）厦门翔安海底隧道。

翔安隧道是中国福建省厦门市连接湖里区与翔安区的跨海通道，位于九龙江入海口处，是厦门市东北部的城市主干路的重要构成部分。

思政元素融入：厦门翔安海底隧道是中国大陆第一座海底隧道，彰显了中国工程技术实力。翔安隧道洞口采用飞鸟翱翔的表征手法设计出生动的景观效果。"永不言弃"雕塑表现了工程建设者一往无前的力量和不屈不挠的斗志；"业翔民安"雕塑蕴含对城市百业兴旺，百姓安居乐业的咏颂和美好祝福。

3.6.2 课程思政 PPT 展示（图 3.6）

图 3.6 "隧道洞口景观设计"课程教学 PPT 节选

3.7 "隧道工程"课程思政案例

3.7.1 课程设计及授课内容节选

教学目标、要求：

主要讲述隧道工程的基本概念、发展历程、工法分类及各工序的基本知识，包括隧道工程地质勘查、隧道选线、隧道结构设计、隧道施工与管理、隧道运营与养护等知识。

教学设计：

展示建国以来一系列"艰、难、险、重"交通工程中，具有挑战性的隧道建设关键技术和工程组织问题，以及系统方法和技术手段。采用情景教学方法，对不同条件下的技术实施路径进行对比，鼓励采用跨学科、跨行业的工程技术方法解决实际问题。培养学生理论联系实际的学习能力，着眼工程一线问题的实践意识。

课程思政融入：

（1）结合绪论中针对"中国隧道工程建设成就与发展"，讲述我国隧道工程的发展历程，号召同学们牢记我国从技术落后到引领全球发展方向这一过程中所经历的艰辛和付出的努力，继承和弘扬老一辈建设者们艰苦奋斗的爱国精神，立志为祖国"交通强国"战略的推进贡献自己的力量。

（2）展示我国近年来在铁路、公路、高速铁路、城市轨道交通等领域所取得突出成绩，这是我国经济建设蓬勃发展的最好见证，同时也是下一阶段实现中华民族伟大复兴梦想的重要基石，激发同学们的爱国之情，鼓励大家在今后的工作中能够不忘初心，积极拼搏，让自己的人生与祖国的发展同样精彩。

3.7.2 课程思政 PPT 展示（图 3.7）

中国隧道工程建设成就与发展

1890年，我国第一座铁路隧道修建在台湾基隆到台南的铁路线上的狮球岭处，这是一座长仅261m的窄轨净空隧道。

1907年在京包线上修建了八达岭隧道，这是由我国工程师詹天佑主持施工的。

1890年建成的狮球岭隧道

中国隧道工程建设成就与发展

- 宝成线上的**秦岭隧道**长达2363m；
- 成昆线上的**沙木拉达隧道**长为6379m；
- 京广线上**大瑶山隧道**长为14295m；
- **秦岭终南山公路隧道**（双洞、单向、双车道）长为18100m（是目前我国最长的公路隧道）；
- 兰武二线上的**乌鞘岭隧道**长达20050m。

目前中国隧道修建技术得到飞速发展。我国已经是世界上隧道数量最多、技术发展最快、地质条件和隧道结构形式最复杂的国家。

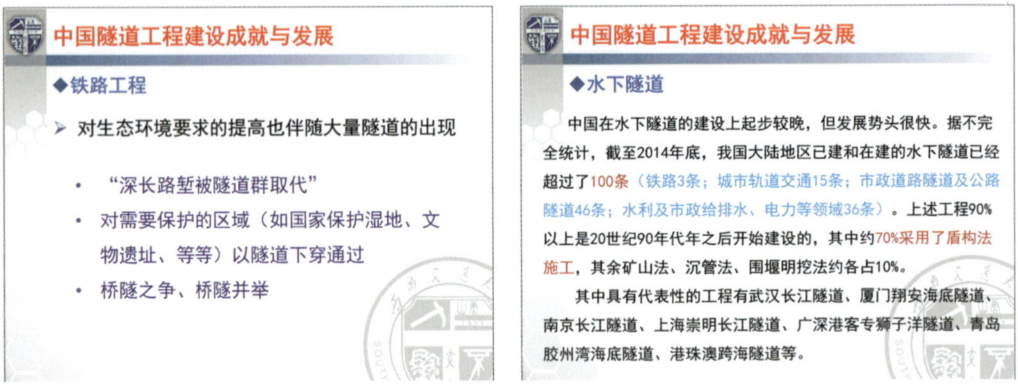

图 3.7 "隧道工程"课程教学 PPT 节选

3.8 "隧道通风与防灾"课程思政案例

3.8.1 课程设计及授课内容节选

教学目标、要求：

主要学习隧道及地下工程中所涉及的通风与防灾相关基本理论和方法以及设计、施工、运营管理过程的注意事项和基本方法。这是一门集地下工程设计、地下工程结构、地下工程施工方法、地下工程养护维修技术为一体的综合性课程，具有实践性强、知识更新迅速等特点。

教学设计：

（1）爱国主义教育。

改革开放以来，中国的隧道及地下工程的建设不断发展进步，建成规模数量及发展速度在世界上名列前茅，地下空间开发已经受到世界各地的瞩目。过江、跨河、海底等隧道的建设克服了许多世界级难题，取得了突破性的成功。通过讲述地下工程发展，我国隧道通风与防灾技术的现状与发展成就，树立学生的民族自豪感，使学生为我国目前在隧道及地下工程取得的成绩感到骄傲，对国家的发展道路产生认同感，对核心价值观产生认同感，也会增加学生的社会责任感，激发同学的爱国主义情怀，鼓舞其为我国未来建设献出自己的力量。

（2）职业素养教育。

隧道及地下工程是风险很大的工程，课程要求学生必须实事求是，科学地进行风险评估，对可行性研究报告、初步设计阶段、施工阶段、运营阶段进行全过程、全方位的风险分析与评估。地下工程的工作环境尤其艰苦，在授课过程中就要让学生知道：地下工程建设者需要在酷暑严寒的环境、在远离家乡的地方工作，哪里有工程，我们就在哪里，养成克服困难、不屈不挠和吃苦耐劳精神，学会积极地面对问题。

（3）坚持实践教育。

该课程是理论与实践相结合的课程，授课时明确理论知识的实践作用，让学生带着问题学习理论，通过隧道通风与防灾课程设计实践环节，通过设定主题，引导学生进行思考，把理论运用到实践中去，用理论来指导实践、学以致用，在掌握基础理论知识的基础上学会运用到分析工程实际问题上，并能初步提出解决方案或思路，最终形成实践报告并进行考核。吸引学生参与到科研工作，提高学生认知和开展工作的能力。

3.8.2 课程思政 PPT 展示（图 3.8）

讨论主题

- 奋斗与成绩（因果）
- 困难与机遇（对立统一）
- 实践与认识（辩证）

奋斗与成绩

- "一份耕耘，一份收获"（因果关系）
  隧道建设与地下工程发展过程艰难曲折，经过党和人民不懈奋斗，取得巨大成就。

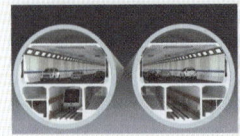

困难与机遇

国家新型城镇化建设、新一轮西部大开发、"一带一路"、海绵城市、城市地下综合管廊、城市轨道交通、京津冀协同发展、长江经济带、珠三角经济区等战略规划，为我国隧道及地下工程领域技术发展带来了前所未有的契机。

实际与认识

- "不经一番寒彻骨，怎得梅花扑鼻香"（辩证关系）
  "隧道通风与防灾"是理论与实践相结合的课程。我国隧道与地下工程技术的发展也是在不断实践中得以进步的。实践决定认识，在学习过程中，要坚持实践第一的观点，要重视科学理论的指导作用，坚持理论与实践相结合的原则。

实践与认识

技术通过实践不断进步，理论通过实践不断完善。在隧道通风与防灾学习过程中，要坚持实践第一的观念。在实践与认识的辩证关系中，实践对认识起决定作用。

小结

"隧道通风与防灾"课程具有实践性强、知识更新迅速等特点。新的方法与技术不断被挖掘，理论也在不断被补充完善，我国隧道建设技术达到了一个新的发展水平。作为一名合格的大学生和未来工程的建设者，应具有：

- 社会自豪感与责任感
- 良好的职业素养
- 敢于挑战
- 坚持实践
- 学无止境

图 3.8 "隧道通风与防灾"课程教学 PPT 节选

3.9 "地下铁道"课程思政案例

3.9.1 课程设计及授课内容节选

截至 2020 年,上海以 772 km 的地铁运营线路长度排名世界第一,北京以 727 km 位列世界第二,广州以 553.2 km 位列世界第三,远远超越了长期占据世界第一和第二的伦敦和纽约。随着我国地铁建设的发展,这些数据还会不断地被刷新。

地铁车站不仅是供乘客上下车的地方,还是展示一个城市人文艺术的重要窗口,北京地铁车站不仅展示了我国首都的历史,也彰显了现代大都市的魅力,当人们走过这一座座富有特色的地铁车站时,会发自内心地热爱我们的祖国、我们的首都。

3.9.2 课程思政 PPT 展示(图 3.9)

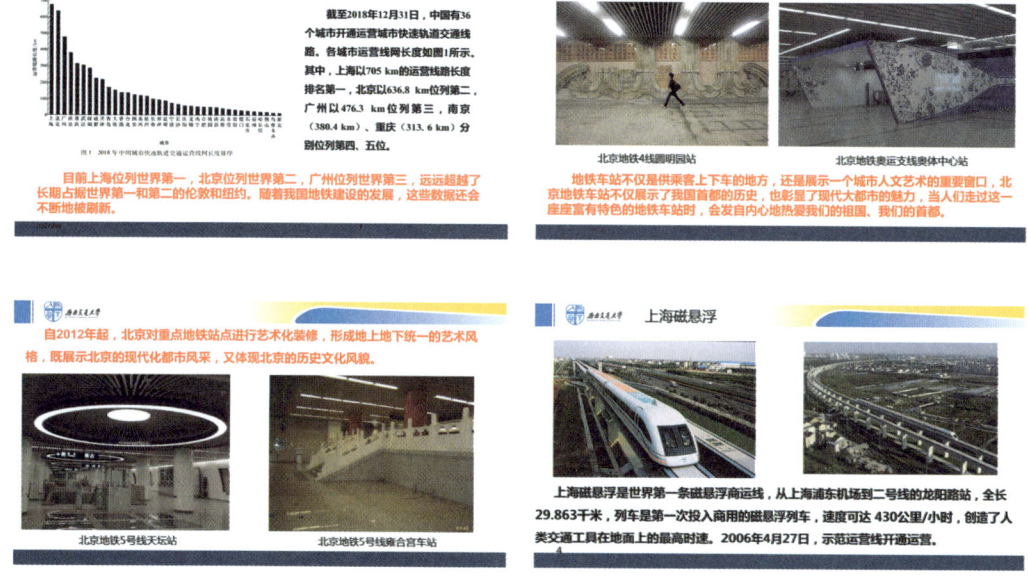

图 3.9 "地下铁道"课程教学 PPT 节选

3.10 "高速公路隧道"课程思政案例

3.10.1 课程设计及授课内容节选

教学目标、要求：

掌握目前国内隧道及地下工程发展状况；了解我国高速公路隧道的基本概况及特征；掌握高速公隧道规划与总体设计的基本原则。

教学设计：

（1）"一带一路"：2013年，习近平总书记提出"一带一路"伟大构想，共同打造沿线国家利益共同体、命运共同体和责任共同体。"道路通、百业兴"，中蒙俄、中吉乌、中俄、中越国际道路直达运输试运行活动先后成功举办，有效促进了跨区域资源要素的有序流动和优化配置；在此过程中，隧道专业工作者也贡献了自己的力量，成功安全贯通了一座座公路隧道，展示了中国技术和中国力量。

（2）川藏铁路：川藏铁路是连接西藏与内地、服务西藏社会经济发展、保障国家安全的重大交通工程，是支撑实现"两个一百年"目标和"中华民族伟大复兴中国梦"的标志性工程和世纪性战略工程，对国家长治久安和经济社会发展具有举足轻重的作用。

（3）川藏公路：为认真贯彻落实中央第五次西藏工作座谈会议精神，四川积极推进汶川至马尔康、雅安至康定等四条高速公路的前期工作。这些高速公路建设对构建西部综合交通枢纽、维护地区稳定、促进沿线经济社会快速发展等具有十分重要的意义。

3.10.2 课程思政PPT展示（图3.10）

1 我国隧道及地下工程现状

- **川藏铁路**

  川藏铁路跨越青藏高原东部横断山区和喜马拉雅东构造结，沿线构造活跃、岩性复杂、地形陡峻、地貌多样、气候敏感，是世界铁路建设史上面临的<u>科学问题最复杂、技术难度最大和安全保障最严峻</u>的重大工程。

  川藏铁路是支撑实现"两个一百年目标"和"中华民族伟大复兴中国梦"的标志性工程和世纪性战略工程。

  习近平总书记明确要求要切实把握"科学规划、技术支撑、保护生态、安全可靠的总体思路，高起点、高标准、高质量规划建设川藏铁路"。

1 我国隧道及地下工程现状

- **川藏公路**

  为认真贯彻落实中央<u>第五次西藏工作座谈会议</u>精神，四川积极推进汶川至马尔康、雅安至康定等四条涉藏高速公路的前期工作。这几条高速公路建设对<u>构建西部综合交通枢纽、维护地区稳定、促进沿线经济社会快速发展</u>等具有十分重要的意义。

  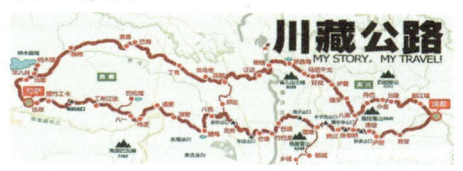

图 3.10 "高速公路隧道"课程教学 PPT 节选

3.11 "钢结构设计原理"课程思政案例

3.11.1 课程设计及授课内容节选

教学目标、要求：

在简单介绍国内外钢结构发展的基础上，了解中国钢结构发展的历史和建造成就，重点理解钢结构和经济、社会发展之间的关系（见表3.1）。

表 3.1 教学目标和要求

项目	时间	教师活动	学生活动	教材教具
导入	5	（1）播放钢结构桥梁及钢结构建筑成就视频； （2）引导学生讨论钢结构的主要特点	（1）观看视频，研讨钢结构的主要形式； （2）观看视频，钢结构应用中的优缺点	电脑，投影仪，钢结构发展视频
学习目标	5	（1）了解钢结构的发展历史及现状； （2）学习掌握钢结构主要设计方法	观看视频，思考并回答钢结构与混凝土结构的区别和钢结构设计的原则	电脑，投影仪，钢结构设计方法沿革流程图
前测	5	（1）请学生自由发言，列举身边的钢结构，分析有何特点； （2）我国钢材产量变化	（1）从钢材的特点出发引申到钢结构的特点； （2）从钢产量变化讨论钢材应用	电脑，投影仪，激光笔，手写笔
参与式学习	5	结合前测结果，给出钢结构的主要特点	总结钢结构特点，思考并讨论其发展及应用	电脑，投影仪，激光笔，手写笔
参与式学习	7	引导学生从荷载与抗力角度讨论钢结构设计方法	（1）理解容许应力法的设计特点； （2）理解极限状态方的设计特点	电脑，投影仪，激光笔，手写笔
参与式学习	8	（1）重点介绍钢结构的极限状态； （2）介绍极限状态设计方法	（1）理解钢结构的极限状态； （2）理解钢结构极限状态设计方法	电脑，投影仪，激光笔，手写笔
后测	5	（1）给出钢结构类型，判断主要特点； （2）对比两类设计方法，引导学生分析不同的设计方法的优缺点	（1）举例身边的钢结构分析其特点； （2）讨论两类设计方法，引导学生对不同设计方法的理解	电脑，投影仪，激光笔，手写笔
课堂小结	5	（1）总结钢结构的优点及缺点； （2）总结钢结构主要设计方法； （3）培养学生对结构设计原理基本方法的认识	对两种设计方法进行讨论	电脑，投影仪，激光笔，手写笔

教学设计：

在专业知识点讲授中融入思政教育，可以让学生从身边的事实与数据感受思想政治教育与引导。

（1）利用钢结构的国内外发展与现状，介绍我国改革开放以来钢产量及钢结构发展史，提高学生对我国经济社会发展的理解，加深对中国共产党领导下的制度自信及民族自豪感。

思政元素融入：改革开放以来，尤其在党的十四大之后，我国钢铁工业实现了历史性跨越，1996年钢产量达到一亿零一百二十四万吨，首次突破一亿吨，居世界首位，使我国成为世界第一产钢大国，世人瞩目，举国振奋。这是我国综合国力空前强盛的鲜明标志，是中国人民艰苦奋斗、改革开放的丰硕成果，也是我国钢铁工业及国民经济发展进程中的一个新的重要里程碑。

（2）介绍钢结构建筑结构及桥梁结构典型工程，如港珠澳大桥工程。

思政元素融入：港珠澳大桥的建设创下多项世界之最，体现了一个国家逢山开路、遇水架桥的奋斗精神，体现了我国综合国力、自主创新能力，体现了勇创世界一流的民族志气。这是一座圆梦桥、同心桥、自信桥、复兴桥。大桥建成通车，进一步坚定了我们对中国特色社会主义的道路自信、理论自信、制度自信、文化自信。

3.11.2　课程思政PPT展示（图3.11）

图3.11　"钢结构设计原理"课程教学PPT节选

3.12 "混凝土桥"课程思政案例

3.12.1 课程设计及授课内容节选

教学目标、要求：

通过绪论介绍，使学生掌握公路和铁路混凝土桥梁设计的基本方法，包括结构尺寸的拟定、荷载的确定、结构内力分析、钢筋的配置以及构造设计等，了解本学科发展前沿动态；引导学生学习解决工程实际问题的思路和方法，建立工程概念。

教学设计：

（1）引言：介绍混凝土桥的概况、分类及其应用和发展，使学生对混凝土桥有一个总的了解。

思政元素融入：注意突出我国在桥梁建造方面的成就，如赵州桥彰显了中国人的智慧和能力。

（2）介绍混凝土桥发展的历史，及发展过程中主要的结构形式演变。

思政元素融入：我国在高速铁路混凝土桥梁建设中的成就突出。

（3）典型中国混凝土桥梁，介绍国内混凝土桥梁建设的主要成就。

思政元素融入：中国高铁发展、公路发展中典型桥梁体现了中国人民的力量。

3.12.2 课程思政 PPT 展示（图 3.12）

图 3.12 "混凝土桥"课程教学 PPT 节选

3.13 "桥梁检测与养护"课程思政案例

3.13.1 课程设计及授课内容节选

教学目标、要求：

回顾国内外桥梁在运营期间发生的垮塌事件，分析垮塌原因，引出桥梁检测和养护的目的与意义，复习桥梁结构体系的划分标准，在简单介绍国内外著名桥梁的基础上，了解中国桥梁发展的历史和建造成就，重点理解各结构体系桥梁的受力特点和主要受力构件，对桥梁检测与养护目前存在的问题和未来发展趋势进行总结。

教学设计：

（1）桥梁检测与养护的目的，通过介绍国内外多座桥梁运营期间发生的严重垮塌事故，通过桥梁检测与养护，及时消除桥梁病害，保持桥梁状态均衡完好，在保证安全运营的同时，最大限度地保证和延长桥梁的设计使用寿命。

思政元素融入：以习近平同志为核心的党中央坚持"人民至上、生命至上"，坚持以人民为中心，把为民造福作为最重要的政绩，这是习近平新时代中国特色社会主义思想的重要内容。

（2）桥梁结构体系分类及主要受力构件，桥梁按照结构体系可分为梁桥、拱桥、悬索桥、组合结构体系，分别介绍各自结构体系桥梁的主要受力构件。介绍四种结构体系桥梁中目前世界范围的最大跨径。

思政元素融入：突出中国桥梁跨度世界排名的地位。

启示 1：人是科技创新最关键的因素。中国的桥梁工程师通过艰苦奋斗、自力更生、自主创新，实现了由桥梁大国向桥梁强国迈进的步伐。

启示 2："我们走中国特色社会主义道路，具有无比广阔的时代舞台，具有无比深厚的历史底蕴，具有无比强大的前进定力。"——习近平在十九大报告中的讲话。

（3）桥梁检测类别，公路桥梁、铁路桥梁的检测分类。

思政元素融入：在中国现代桥梁先驱茅以升老校长的传承下，我校培养了土木工程特别是桥梁方向的创新型应用人才，包括美国"预应力先生"林同炎等众多杰出校友，奠定了交大桥梁的一流学科地位。

（4）桥梁检测与养护存在的问题和未来发展趋势，介绍桥梁检测与养护目前存在的问题和未来检测发展趋势，智能识别和智能检测的应用。

思政元素融入：习近平总书记强调，实施乡村振兴战略，要增加对农业农村基础设施建设投入，加快城乡基础设施互联互通。

3.13.2 课程思政 PPT 展示（图 3.13）

图 3.13 "桥梁检测与养护"课程教学 PPT 节选

3.14 "桥梁建造技术"课程思政案例

3.14.1 课程设计及授课内容节选

教学目标、要求：

围绕钱塘江大桥修建、炸桥、复桥的历史过程，讲述茅以升先生作为老一辈建桥人抵抗侵略的大无畏英雄气概和忠诚的爱国主义精神，激励同学们在学好专业知识的同时，秉承爱党爱国的初心，为祖国建设贡献自己的一分力量。

教学设计：

（1）茅以升生平介绍。

土木工程学家、桥梁专家、工程教育家，中国科学院院士，美国工程院院士，中央研究院院士。重点：10岁立志，爱国萌芽，持之以恒，勤奋学习。

（2）受命造桥。

讲述旧时代中国桥梁的发展受制于西方列强；当时的官员曾养甫对茅以升说："我一切相信你，如果桥造不成功，你得跳钱塘江，我也跟你后头跳。"体现的是一种责任和信任。

（3）造桥始末。

建造过程中受日本侵略者的威胁，解决了三个主要技术难题：射水法打桩、沉箱法、浮运法架梁。

（4）挥泪炸桥。

"斗地风云突变色"炸桥的无奈与选择，以及"不复此桥不丈夫"的坚定与豪情。以及预先在桥墩上留孔，从技术层面解决炸桥问题，表现技术人员的政治敏锐性和抗击侵略者的决心。

（5）央视录像《钱塘江大桥》。

全面了解茅以升与钱塘江大桥的过程。

（6）结束语。

"苟利国家生死以，岂因祸福避趋之。"这一历经14年的建桥、炸桥、复建的历史，凝结了茅以升把一切奉献给祖国的拳拳报国之心，成为他作为一名知识分子爱国为国的真实写照，在中华民族抗击外来侵略者的斗争中书写了可歌可泣的一页。正如陆定一所言，茅以升是广大"爱国知识分子的楷模"。

钱塘江大桥是一座英雄桥，它展示的那一代科技工作者抗击侵略者的大无畏英雄气概和忠诚的爱国主义精神，永远值得我们学习和敬仰。

3.14.2 课程思政 PPT 展示（图 3.14）

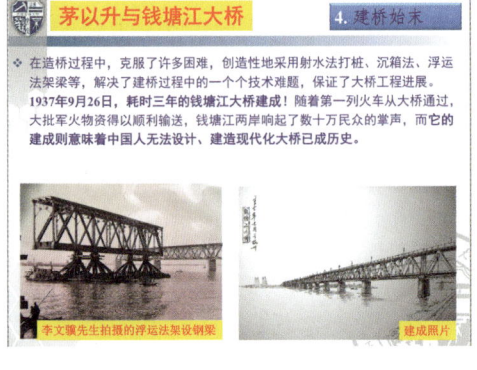
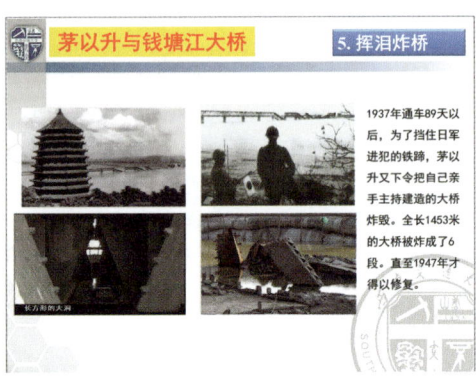

图 3.14 "桥梁建造技术"课程教学 PPT 节选

3.15 "缆索承重桥梁"课程思政案例

3.15.1 课程设计及授课内容节选

教学目标、要求:

介绍缆索承重桥梁的总体设计基本原则及其安全、适用、经济和美观的具体要求。以桥梁建设事故为案例,强调安全施工的重要性,讲解桥梁建设参与者的责任担当意识,并穿插桥梁建设奋斗者的事迹;对于桥梁适用性方面,重点介绍以人为本和科学发展观的思想如何指导桥梁工程设计。通过具体案例分享,拓宽视野,培养学生树立责任担当及大国工匠的奋斗精神。

教学设计:

桥梁结构设计包括总体设计与构件设计,总体设计的目标:根据桥址处的地形、地质、水文、河势、通航、气象等条件,考虑结构受力的合理性、施工技术难易程度及施工技术水平、桥梁景观、维修养护方便等,确定经济合理、协调美观的桥梁总体布置。构件设计的目标是:在总体设计的基础上,通过受力分析或工程经验确定各构件的截面形状和尺寸。

(1)桥梁建设安全案例分享:以湖南凤凰大桥和宁波招宝山大桥设计施工为例,介绍安全的重要性及建设者的责任担当。

思政元素融入:引入习近平总书记警句"人民安全是国家安全的基石",阐述建设者的责任担当是保证桥梁结构建设安全的根本。没有责任心,安全事故随时发生,鼓励大家向重视安全努力奋斗的建设者学习。

(2)适用性要求。

桥梁的适用性包括:既能保证行车的通畅、舒适和安全,桥梁承载能力和功能需求既能满足当前的需要,又要照顾今后的发展。对于通航的江河湖海,还需要考虑通航需求和安全需求,照顾桥梁两岸的经济发展和人民出行需求。

思政元素融入:以人为本、科学发展的理念贯穿桥梁设计施工全过程。

(3)经济性要求。

在桥梁建设安全、适用前提下,经济是衡量技术水平和做出方案选择的主要因素;桥梁设计应考虑经济成本,对于重大的桥梁工程,必须进行多方案的比选,详细研究技术上的可行性和经济上的合理性;从全寿命的要求方面去选择合理的方案。

(4)美观性要求。

以湖南矮寨大桥总体设计为例,介绍桥梁总体设计与环境保护的故事。桥梁设计时需要考虑与周围的环境相协调的优美结构形式,注重环境保护。

思政元素融入："绿水青山就是金山银山"，保护环境、与环境协调的桥梁美学案例。

3.15.2 课程思政 PPT 展示（图 3.15）

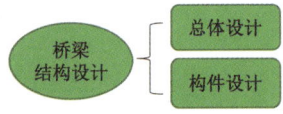

图 3.15 "缆索承重桥梁"课程教学 PPT 节选

3.16 "桥梁工程A"课程思政案例

3.16.1 课程设计及授课内容节选

教学目标、要求：

学习桥梁结构体系的含义，掌握桥梁按结构体系的分类及各类桥梁的基本特点；在技能及能力方面要求：学生分析生活见到的桥梁结构形式，辨别其结构体系，并介绍其基本受力特点；同时，鼓励学生参与桥梁建设，增强学生对桥梁工程的认识，为国家桥梁工程建设作出应有贡献。

教学设计：

（1）导入，物以类聚，人以群分。人按肤色分为白人、黄人、黑人；按国籍分中国人、美国人、日本人，人可以以不同的标准进行分类。本节课主要讲解桥梁结构体系的分类。

思政元素融入：以科学思维中的类比法，引导学生主动思考桥梁的分类，激发学生对本课程的学习兴趣和主观能动性。

（2）结构体系的定义，结合一座概念桥的图片，讲解结构体系的含义。

（3）桥梁的三大基本体系及其特点，以自然界存在的三种原始桥梁，讲解桥梁的三大基本体系"梁桥、拱桥、索桥"。

思政元素融入：通过对赵州桥、泸定桥等古代中国桥梁、中国现代桥梁的开篇之作钱塘江大桥，以及改革开放以来建设的石板坡大桥、朝天门大桥、苏通长江大桥和舟山西堠门大桥等现代桥梁案例的介绍，引导学生思考古代中国人的聪明才智、红军飞夺泸定桥的英雄气概和现代桥梁工作者勇攀科技高峰的开拓精神；介绍西南交通大学著名校友茅以升、林同炎等的故事，激发学生对大国工匠精神再认识，学习他们的立志报国、甘于奉献的精神。

（4）实桥照片与力学图示对照，讲解刚构（架）桥的结构体系。

思政元素融入：通过对世界首座超千米的斜拉桥苏通长江大桥和世界最长的跨海通道港珠澳大桥的介绍，让同学们了解中国从建桥大国迈向桥梁强国的历程以及我校桥梁专业数十位教授和研究生深度参与这两座世界顶级工程的故事和所做的贡献，激发学生对我国桥梁学科发展的自豪感和对母校的认同感，进一步加深对桥梁结构体系的理解。

3.16.2 课程思政 PPT 展示（图 3.16）

何谓结构体系？

结构抵抗外部作用的构件组成方式。

桥梁的基本结构体系有哪些？

横木做梁　　　　　垒石成拱

桥梁的起源：

梁桥
拱桥
索桥（吊桥）

结藤为索

一、梁桥及其结构体系

简支梁

连续梁

悬臂梁

钱塘江大桥

□ 主跨16×65.84m，公铁两用，由我国桥梁先驱茅以升先生主持修建
□ 1937年9月通车，同年12月侵华日军攻陷杭州，我国军队西撤后将桥炸毁，1947年3月修复

隋代赵州桥（安济桥）

泸定桥

□ 建于1706年，长约103m，宽约2.8m，由13条锚固于两岸的铁链组成
□ 作为革命文物保存

图 3.16 "桥梁工程 A"课程教学 PPT 节选

3.17 "桥梁工程课程设计"课程思政案例

3.17.1 课程设计及授课内容节选

教学目标、要求：

明晰桥梁的基本设计过程、明确设计任务，通过相关规范熟悉 T 梁截面尺寸的细节与要求。

教学设计：

（1）课程概况介绍。

首先介绍"桥梁工程课程设计"课程开设的概况及相关的教学设计；然后，学生按照设计任务书及其关联知识要点，设计多梁式后张法预应力混凝土简支 T 梁桥的上部结构，完成设计计算说明书。要求学生熟练掌握预应力混凝土简支梁设计计算方法，初步掌握桥梁设计计算报告编制方法，扩展阅读，文献查找、软件编程。对学生提出具体要求，深化认识实践的必然性与不可替代，强调知识与能力的结合，注重知行合一。

思政元素融入：强调知行合一。面向国家战略新需求，重构实践核心能力体系，聚焦"实践创新"核心能力的提升。

（2）设计任务书布置。

介绍多梁式后张法预应力混凝土简支 T 梁桥的设计方案与主要尺寸，明确具体的设计任务，明晰桥梁的基本设计过程。

思政元素融入：桥梁工程课程设计过程需完整的闭合环，缺一不可，学习必须认真细致、严谨。

（3）结构形式与尺寸拟定。

结合行业规范，使学生深入理解规范对结构尺寸的具体相关要求。向学生强调工程实际以科学原则有序开展，合理设计。

思政元素融入：工程建设无小事，每个设计都必须以科学为准则，以规范为准绳，实事求是完成课程设计。

3.17.2 课程思政 PPT 展示（图 3.17）

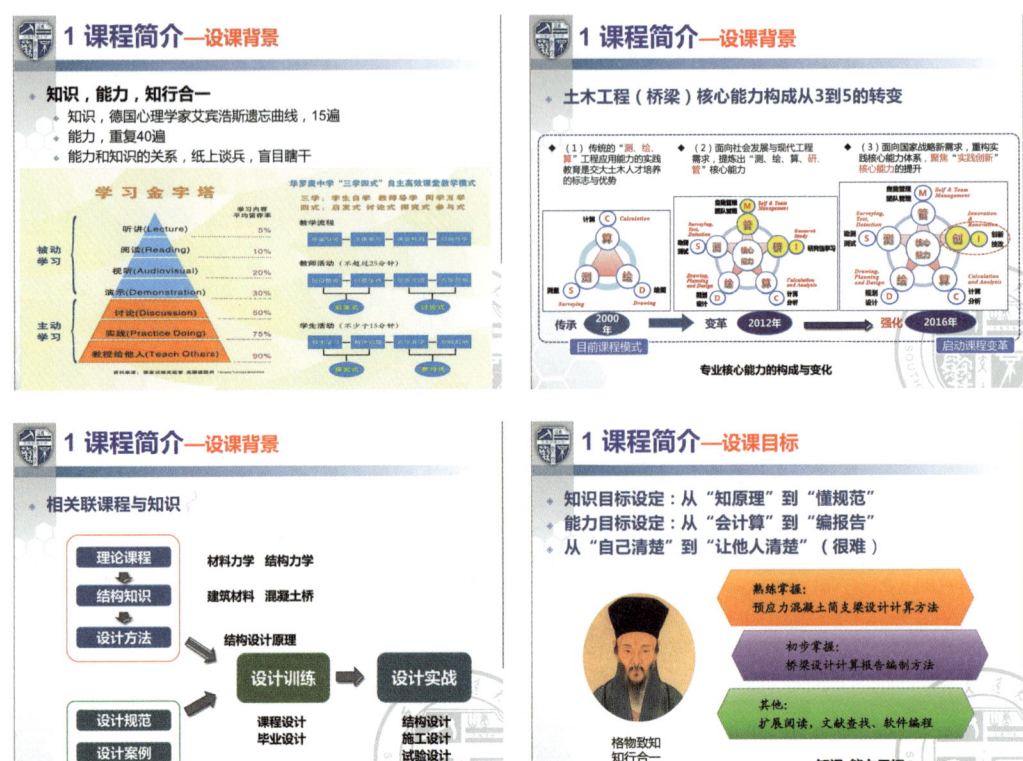

图 3.17 "桥梁工程课程设计"课程教学 PPT 节选

3.18 "土力学"课程思政案例

3.18.1 课程设计及授课内容节选

教学目标、要求：

掌握土力学的学科特点、发展趋势以及与土木工程的关系，树立正确的价值观，端正职业道德，培养土木工程师职业素养，重点理解土与人类、社会发展之间的关系。

教学设计：

（1）引言：汶川大地震与北川滑坡。

对汶川大地震与滑坡造成危害进行对比分析，强调滑坡灾害对人类的生命财产造成的巨大损害，引出利用土力学基本知识可以解决重大工程难题，凸显力学知识的重要性。

思政元素融入：研究土力学对于认识自然灾害有重要作用。

（2）以敦煌莫高窟的彩塑千年熠熠生辉，介绍土力学中液态对其物理性质的影响。

思政元素融入：让学生对世界文化遗产的欣赏的同时了解土力学基本知识运用。

（3）土的定义。

思政元素融入：以中华文化案例为切入点，引入对土的定义，引导学生学习中华文化的同时思考工程中的土力学知识。

（4）土与人类发展的关系。

思政元素融入：从人类历史进程的发展中，阐释人类与自然界中关于土的故事，将土力学与人类历史发展进程结合起来。

3.18.2 课程思政 PPT 展示（图 3.18）

为什么要学土力学

1. 建筑物结构体系
   上部结构 + 基础 + 地基
2. 荷载传递
   最终要传到地基
3. 岩土体受力与变形及其规律：力学行为
4. 设计、施工、问题对策分析

与其他科学技术的发展过程相似，土力学是岩土工程的基础，经历了由直觉→经验→经验+技术→科学+技术+经验的发展过程。

- 最早的岩土工程结构——洞穴（地下结构），天然形成，人类对其直接利用。此时人类尚未建造的意识或能力。

- 原始的岩土工程结构——河姆渡文化中干栏式建筑的桩基。

此时人类只具有非常低级、原始的建造能力。

- 此时已具备掌握了较高的技术，能够建造较为复杂的结构。注意到这类结构能够屹立千年不倒，地基的选择同上部结构的建造同样重要。

- 如果只有技术，没有科学会是如何？

上海闵行区13层住宅楼（2009年6月27日）

窗户玻璃完好无损

事故敲响警钟，以史为鉴

土力学之父

Karl Von Terzaghi
(1883—1963)

- 有效压力理论
- 一维固结理论
- 地基承载力理论

土力学的代表人物——太沙基，长期从事工程地质和岩土工程的实践工作，从而能够接触到大量的土力学问题，再加上他坚实的理论基础，创立了土力学著名的有效应力原理，成为近代土力学的领军人物。因此，实践中的土力学问题是土力学未来发展的方向标。

1925年，*Erdbaumechanik*（土力学）出版，标志着土力学这门学科的诞生。

- 茅以升与钱塘江大桥修建中的土力学及基础工程问题

在修建钱塘江大桥的过程中，所遇到的最大工程问题不是来自于上部结构，而是桩难以打入土中以及沉箱下沉时发生歪斜等这些岩土问题，这使得他对岩土问题十分重视。1939年在我校开设土力学讲座（国内最早），1957年主持成立全国土力学及基础工程学术委员会，并成为国际土协的团体会员。

茅以升土力学及基础工程大奖

图 3.18 "土力学"课程教学 PPT 节选

3.19 "高层建筑基础工程设计"课程思政案例

3.19.1 课程设计及授课内容节选

教学目标、要求：

学习我国学者董国海等建立的高层建筑桩箱（筏）基础沉降计算的简易理论方法，掌握该方法的基本原理和计算步骤，并掌握其在高层桩箱（筏）基础工程中的应用。

教学设计：

（1）高层建筑桩箱（筏）基础沉降计算理论分类。

按照计算原理主要分为四种方法，其中简易理论方法是同济大学董建国教授提出的桩筏（箱）基础最终沉降计算方法。简易理论法简单，能够手算，计算参数易确定，计算结果不需用沉降计算经验系数修正。

思政元素融入：介绍在高层建筑基础工程设计计算领域由中国学者提出的实用方法，指导了国内众多工程建设，体现出"中国方案"的优越性。

（2）简易理论法的基本原理和计算步骤。

首先比较外荷载 P 和总抗剪力 T 的大小，然后分析它们的变形规律，最后给出两种桩箱（筏）基础沉降计算分析模式：第一种模式 $P<T$；第二种模式 $P>T$。

思政元素融入：基础研究创新是科技技术进步的基础条件。

（3）简易理论法的优点与工程应用，方法简单，实用性强。

思政元素融入：科技创新是推动经济高质量发展的需要。建设现代化经济体系，推动质量变革、效率变革、动力变革，都需要强大科技支撑。

3.19.2 课程思政PPT展示（图3.19）

高层建筑桩箱（筏）基础沉降计算理论

- 高层建筑桩箱(筏)基础沉降计算目前主要有以下四种方法：
  - （1）**弹性理论法**。是以明特林（Mindlin）解为基础的一种桩基础沉降计算方法。在具体应用中分为两类：①位移解；②应力解。
  - （2）**简易理论法**。是同济大学董建国教授提出的桩筏（箱）基础最终沉降计算方法。简易理论法简单，能够手算，计算参数易确定，计算结果不需用沉降计算经验系数修正。

桩筏（箱）基础沉降计算的中国方案

- （3）**实体深基础法**。
  - 是国内规范推荐的方法，该法简单、方便，能够手算，计算结果需用沉降计算经验系数修正，不能计算沉降与桩数的关系。
  - 《建筑桩基技术规范》推荐方法称作等效作用分层总和法，适用于桩中心距小于或等于6倍桩径的桩基，它不考虑桩基侧面应力扩散作用，将承台视作直接作用在桩端平面。
  - 在《建筑地基基础规范》中，则推荐了两种类似的简化方法。

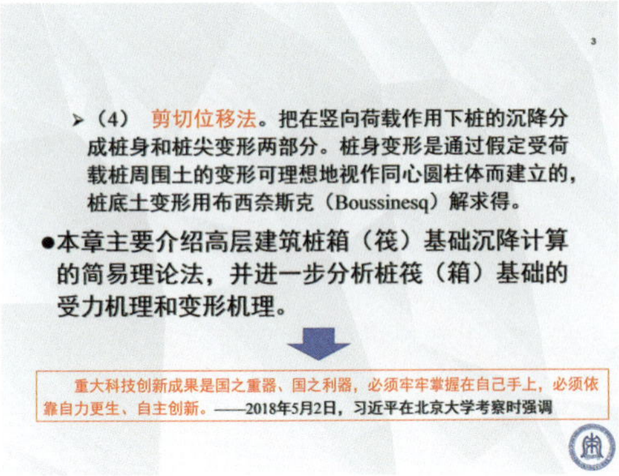

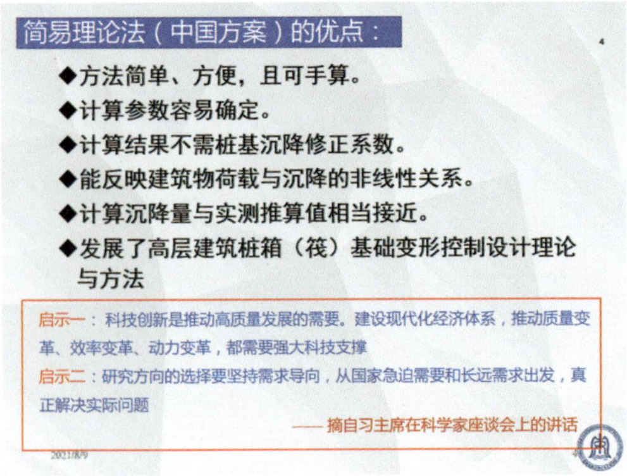

图 3.19 "高层建筑基础工程设计"课程教学 PPT 节选

3.20 "岩土工程课程设计"课程思政案例

3.20.1 课程设计及授课内容节选

教学目标、要求：

以上海中心大厦深基坑为例，学习城市超高层建筑基坑可能面临的问题和挑战，认识中国近年来取得的成就及深基坑的发展趋势。

教学设计：

（1）上海中心大厦的建设历程。

上海中心大厦2008年11月开工建设，2016年3月完工，历时8年。让同学们认识到：重大工程决策一般都需要经过问题提出、工程论证、方案形成、方案评估与反馈、方案修正、方案抉择、工程设计与工程实施等阶段，每一阶段都必须实事求是，以科学为准则来开展。

思政元素融入：重大工程的论证、建设每一阶段都必须实事求是，以科学为准则来开展。

（2）上海中心大厦建设面临的困难：工程地质与水文地质环境复杂；基坑面积大，开挖深度深；周边环境复杂。

（3）上海中心大厦基坑施工方案，上海中心大厦基坑工程分为塔楼区和裙房区2个分区，基坑采用了"主楼区顺做+裙房区逆做"的方案。

（4）上海中心大厦获得的荣誉。

思政元素融入：大桥获得国家优质工程奖金奖、中国建设工程鲁班奖等荣誉，中国的技术得到世界的认可。

3.20.2 课程思政PPT展示（图3.20）

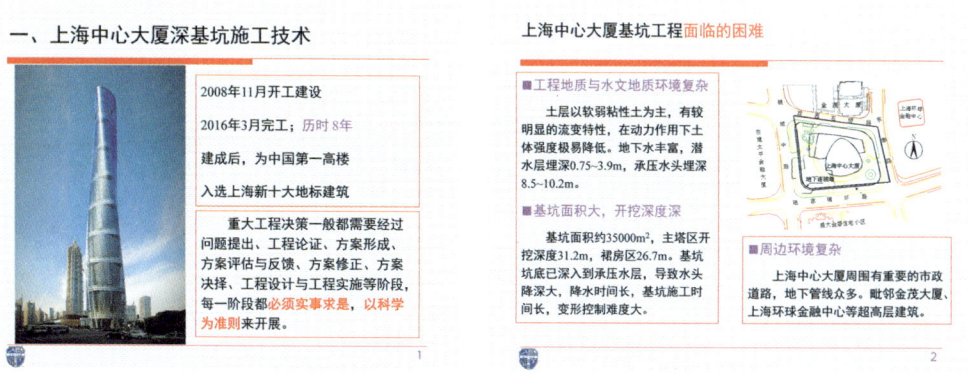

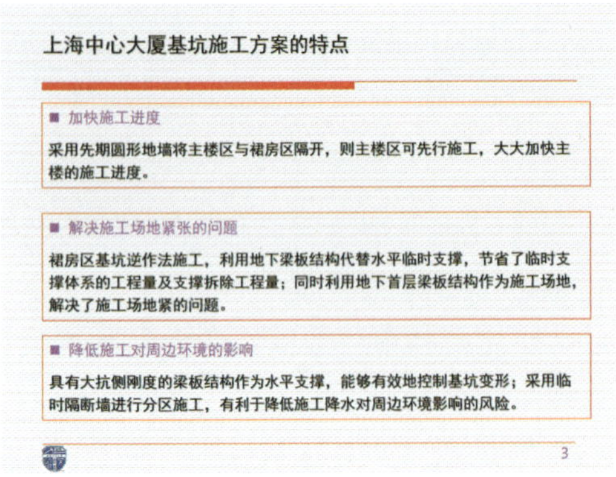

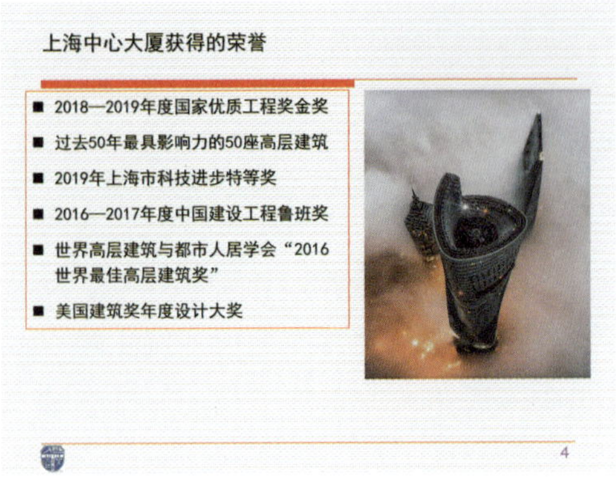

图 3.20 "岩土工程课程设计"课程教学 PPT 节选

3.21 "混凝土结构设计原理"课程思政案例

3.21.1 课程设计及授课内容节选

教学目标、要求:

掌握钢筋与混凝土协同工作的基本原理;学习预应力混凝土的基本原理;理解钢筋混凝土与预应力混凝土的特点;了解混凝土结构的发展历史。

教学设计:

(1)混凝土抗压强度高、抗拉强度差,如何在结构中解决抗拉问题成为主要矛盾。方法一,钢筋与混凝土的有机结合,诞生了钢筋混凝土结构;方法二,对受拉区施加预压力,诞生了预应力混凝土结构。

思政元素融入:应用唯物辩证法,具体问题具体分析,解决好主要矛盾。

(2)混凝土结构的发展历史。我国从早期节约钢材的设计原则到现在保证性能的设计方法,是国力提升的具体表现。

思政元素融入:改革开放以来,我国水泥、钢材等产量迅速提高,土木工程建设投资在世界范围内一枝独秀,解决了大量的民生问题,也为经济腾飞打下了基础。

(3)钢筋混凝土结构的特点。

思政元素融入:任何事物都是一分二的,钢筋混凝土结构的特点既有优点,也存在问题。

(4)预应力混凝土结构的特点。

思政元素融入:当跨度逐渐增加,钢筋混凝土结构的裂缝和挠度控制就越来越难,最后就完全不能使用应对,要采用预应力混凝土来解决问题,这就是量变到质变的一个典型例子。量变到质变的转换是唯物辩证法揭示的事物矛盾运动的一个基本规律。

3.21.2 课程思政 PPT 展示(图 3.21)

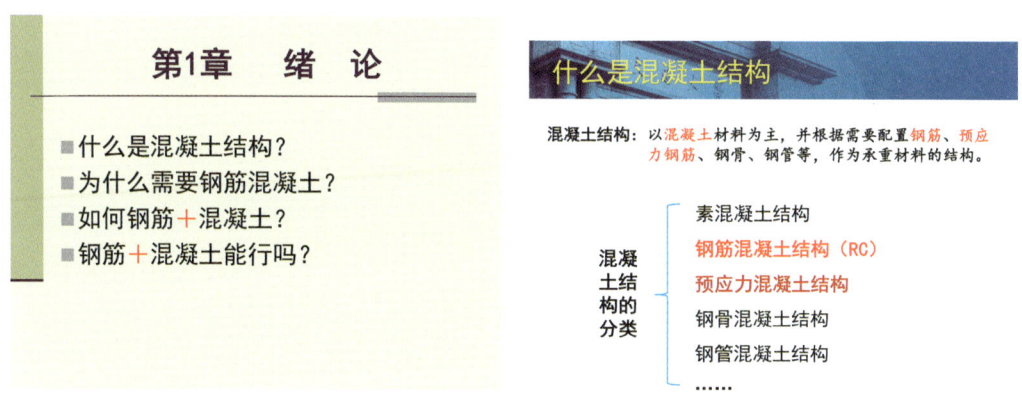

赵州桥建于隋开皇年间（581—600）。全长64.4米，拱顶宽9米，拱脚宽9.6米，跨径37.02米，拱矢7.23米。

没有钢筋混凝土时

应用**唯物辩证法**，具体问题具体分析，解决好主要矛盾。

- **主要矛盾**：混凝土抗压强度高、抗拉强度差、易开裂。

- **方法一**：钢筋与混凝土的有机结合，利用钢筋承受拉力，诞生了钢筋混凝土结构。

- **方法二**，对受拉区施加预压力，让混凝土不受拉或少受拉，诞生了预应力混凝土结构。

混凝土结构

允许钢筋混凝土梁在使用阶段受拉开裂，即认为**带裂缝工作是正常的**（实际上不带裂缝几乎是不可能的），只要对裂缝宽度、挠度大小进行控制即可，是结构实践的一大进步。

当一个问题解决后，新的问题就产生了。现在的主要矛盾就是如何控制裂缝宽度不能过大、变形不能过大。

预应力混凝土结构

当跨度太大、荷载太大时控制裂缝和挠度就越来越困难，最终会出现**拐点**，钢筋混凝土梁就不能再使用。如何解决这个问题，**预应力混凝土**诞生了。

预应力的思想就是给使用时将受拉区域**预先施加合适的压应力**，如此使用时就不会有受拉区域存在，当然也就不会受拉开裂。

辩证法量变到质变的例子。

图 3.21 "混凝土结构设计原理"课程教学 PPT 节选

3.22 "建筑工程"课程思政案例

3.22.1 课程设计及授课内容节选

教学目标、要求：

在简要介绍国内外建筑发展的基础上，重点理解建筑和结构之间的关系，掌握结构设计程序。以火神山医院建设及泉州酒店坍塌事件为例，让学生了解所学的专业课程知识与社会需求之间的紧密关系，引导学生如何用所学的专业知识解决工程实际问题。

教学设计：

（1）引言：阐述建筑、结构的定义。

通过工程图片，请同学们结合自身知识辨析哪些属于建筑，建筑和结构的区别。介绍我国目前的桥梁工程、隧道工程、房屋建筑工程的发展状况及其在世界上的地位。

思政元素融入：注意突出在桥梁、隧道、房建工程领域，中国工程的代表和飞跃式发展。

（2）介绍建筑发展的历史，及发展过程中主要的结构形式演变。

思政元素融入：文明和科技的发展，促进了新材料和新技术的革新，产生了新的建筑形式、结构体系。

（3）建筑与结构的关系。

思政元素融入：建筑与结构既是两个独立的概念，又是唇齿相依，缺一不可的整体。运用辩证统一的思维进行分析设计。

（4）工程案例介绍。

以火神山医院建设及泉州酒店坍塌事件为例，让学生了解所学的专业课程知识与社会需求之间的紧密关系，引导学生用所学的专业知识解决工程实际问题。

思政元素融入：通过火神山医院的中国速度和装配式结构的实际应用，激励学生投身大国工程建设的爱国情怀和工程结构创新意识；通过泉州酒店倒塌事故分析，培养其作为土木工程专业人才的工匠精神和社会责任感和分析解决工程实际问题的能力。

3.22.2 课程思政 PPT 展示（图 3.22）

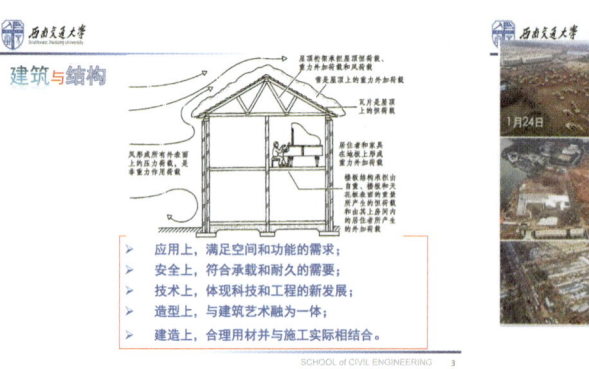

图 3.22 "建筑工程"课程教学 PPT 节选

3.23 "房屋钢结构"课程思政案例

3.23.1 课程设计及授课内容节选

教学目标、要求：

以实际工程为例，了解中国钢结构建筑发展的历史与现状，进一步认识中国建筑钢结构工程近年来取得的成就和未来建筑钢结构的发展趋势，以及理解钢结构建筑和社会、经济发展之间的关系。

教学设计：

（1）钢结构在我国的发展历史，重点。

沿着历史的脉络从古代中国，近代中国，20世纪50—70年代，20世纪80年代至今依次介绍中国钢结构的发展历程。引导学生对钢结构工程的认识。

思政元素融入：在生产力发展上，古代中国居于世界的领先地位；半殖民地半封建社会体系导致了中国在那时的落后与挨打；中华人民共和国成立后，我国的社会生产力逐渐恢复与提高，尤其是改革开放对国力的增强作用；经济的发展与科技进步正促进钢结构在中国的飞速发展；当前，在中国共产党的领导下，中国正走向伟大复兴！

（2）介绍钢结构在我国的发展现状，钢结构应用领域的扩张与相应的结构形式。

思政元素融入：在党的领导下，我国钢结构在各领域都取得了巨大成就，近年来众多标志性钢结构工程的建设说明我国在钢结构设计、施工建造领域的技术已经达到了世界领先级的高超技术水平，走向世界，国家正走向伟大复兴。

（3）钢结构建设与经济发展，突出钢结构建设迅速发展的充分与必要条件，经济建设和科技发展对钢结构建设的重要影响。

思政元素融入：中国特色社会主义建设事业日新月异，十八大以后经济、绿色的节能建造产业政策，以及科技进步对钢结构产业的整体提升作用。

3.23.2 课程思政PPT展示（图3.23）

图 3.23 "房屋钢结构"课程教学 PPT 节选

3.24 "房屋建筑学"课程思政案例

3.24.1 课程设计及授课内容节选

教学目标、要求：

了解中国古代建筑的发展概况，主要掌握我国不同历史时期的建筑的特征及形态以及中国古代建筑的演变过程。

教学设计：

（1）引言：介绍中国古代建筑的总体分为几个发展阶段，重点：将中国古代建筑史总体分为几个明显的时期。

（2）我国古代建筑的发展演变。

① 中国古代建筑的初步形成（原始社会、奴隶社会建筑）。

思政元素融入：了解古代建筑的形成，可以看到最初人类的勤劳和智慧。

② 中国古代建筑发展期（汉代至唐代建筑）。

这个时期最突出的建筑类型是佛寺、佛塔和石窟。

思政元素融入：随着精神文明文化的发展，建筑形态反映了人民的思想形态。

③ 中国古代建筑发展的成熟时期（唐代至元代建筑）。

建筑艺术加工的真实和成熟，设计与施工水平的提高。掌握设计与施工的技术人员"都料"，专业技术熟练，专门从事公私房设计与现场指挥，并以此为生。

思政元素融入：此时期是我国历史的鼎盛时期，随着精神文明文化的发展，体现了劳动人民的智慧，体现了我们国家的科技发展在此时期就已经比较先进。

（3）中国古代建筑发展的高潮时期（明清时期建筑），又一次形成了我国古代建筑的高潮。当时建造的故宫、天坛等都是我国古代建筑师们的智慧和技巧的结晶。

思政元素融入：建筑体现出我国的大国工匠精神。通过一些典型的建筑分析对学生进行爱国主义教育。

3.24.2 课程思政 PPT 展示（图 3.24）

图 3.24 "房屋建筑学"课程教学 PPT 节选

3.25 "钢结构设计原理"课程思政案例

3.25.1 课程设计及授课内容节选

教学目标、要求：

了解学习《钢结构设计原理》课程的意义（为什么学）；理解钢结构的特点及应用（学什么）；了解钢结构发展历史和趋势（学什么），重点掌握钢结构设计方法的发展历程。

教学设计：

（1）引言：从国家宏观政策层面解释为什么学习钢结构？

建筑业是我国的支柱产业之一，而钢结构产业则是建筑业目前的主体。2000年以前，我国的钢结构产业规模很小，钢结构建设主要以厂房为主，建设规模小，技术含量低；2000年以后，受到奥运工程建设的刺激与推动，陆续建成了一批大跨度钢结构场馆和高层建筑，在四川省，陆续也建成了一批有国际影响力的地标性钢结构建筑，如世界最大的钢结构单体建筑环球中心，世界最大的双面剧场成都露天音乐公园主舞台，亚洲最大的室内演艺中心大魔方。

思政元素融入：突出我国已建成的具有国际影响力的地标性钢结构建筑和国家推行大力发展钢结构产业的相关政策。

（2）介绍钢材发展的历史，及发展过程中主要的材料形式演变，重点：钢结构用钢的起源和冶炼工艺发展。

思政元素融入：介绍我国历史上钢铁冶炼技术的鼎盛时期，提升对民族和文化的自信程度。

（3）我国的钢结构建筑发展历程，重点：钢结构的特点和适用性，以及我国采用的钢结构设计理论的发展。

思政元素融入：半殖民地半封建社会的生产力局限性；古代建筑结构中钢铁材料的运用及文化传承；新中国成立后钢铁产量的快速提升，改革开放以来我国钢结构建筑的蓬勃发展。

（4）钢结构建筑的发展趋势，自2013年以来，国务院、工信部、住建部对大力发展钢结构产业、推进数字化转型多次提出了指导性意见。据中国钢结构协会统计，以大跨、高层为代表的大型复杂钢结构在全部钢结构工程总量中的占比超过80%，因此，可以说，推进钢结构的数字化建造转型是实现整个钢结构产业数字化转型的关键。

思政元素融入：改革开放对国力的增强作用，十八大以后经济、绿色的节能建造方针，以及科技进步高层建造技术提升的作用；中国的技术开始由跟随转变为引领世界。

3.25.2 课程思政 PPT 展示（图 3.25）

图 3.25 "钢结构设计原理"课程教学 PPT 节选

3.26 "道路工程"课程思政案例

3.26.1 课程设计及授课内容节选

教学目标、要求：

结合当前我国"一带一路"倡议，通过工程实例向学生介绍公路交通基础设施在"一带一路"的重点重要地位与作用，帮助学生树立对学业的认识，引导其将个人的发展和社会、国家的发展紧密结合，拥有国际化视野和家国情怀的建设人才。

教学设计：

（1）导入部分：道路交通基础设施既是经济社会发展的重要命脉，也是一个地区文明程度的重要标尺和对外形象的集中展示。"一带一路"关键是交通节点的打造和交通服务的一体化。中国与周边国家在运输服务一体化上当务之急是促进互联互通和推动通关便利化，这样才能大力开拓共建"一带一路"国家的市场，积极发展运输服务贸易。因此，陆路通、水路通等是"一带一路"的首要和当前重点。

（2）"一带一路"建设，公路项目建设成果显著。

据不完全统计，"一带一路"倡议提出近6年来，20余家中国企业在共建"一带一路"40余个国家，共承建当地公路新改建项目50余个，涌现出一批令世人瞩目的标志性项目，通达城市、契合期盼、带活经济，"一带一路"上的公路项目，成为当地源源不断的活力供给。

（3）工程案例详解——中巴经济走廊-道路交通建设。

巴基斯坦，古丝绸之路的必经之地。张骞策马、玄奘西行，丝路辉煌连接着中巴。四年前，习近平主席访问巴基斯坦，两国确定以中巴经济走廊建设为中心，以瓜达尔港、交通基础设施、能源、产业合作为重点的"1+4"开展合作布局，双方对接共建"一带一路"倡议与巴基斯坦"2025愿景"。

（4）"一带一路"，道路建设的作用。

中国企业在参与项目建设中，不仅树立了企业形象和品牌，还开拓了当地市场。这些都大大提升了中国企业在当地的知名度，也大大提升了睦邻友好、负责任的中国国际形象。

3.26.2 课程思政PPT展示（图3.26）

"一带一路"建设，公路项目建设成果显著

据不完全统计，"一带一路"倡议提出近6年来，20余家中国企业在"一带一路"沿线40余个国家，共承建当地公路新改建项目50余个。

- ✓ 中巴经济走廊早期收获两大项目（喀喇昆仑公路升级改造、白沙瓦至卡拉奇高速公路）稳步推进，部分路段已提前竣工。其中中巴基斯坦喀喇昆仑公路改扩建项目全长335公里，喀喇昆仑公路是世界上海拔最高的跨境公路。
- ✓ 埃塞俄比亚的斯亚贝巴——阿达玛高速公路，是该乃至东非地区首条高速公路。
- ✓ 2019年4月，柬埔寨首条高速公路——金边至西哈努克港高速公路开工。"如果没有中国政府的大力支持，柬埔寨首条高速公路项目将很难实现。"柬埔寨首相洪森表示。
- ✓ ……

抗战大动脉——滇缅公路

第二次世界大战的时候，日本军队迅速占领了中国沿海地区，国民党政府不断往中部地区撤退，最后撤到了重庆。由于西面有滇缅公路和印度的供应，抵御住了来自日本军队的巨大压力。

从飞机上俯瞰滇缅公路，该路被称为"抗战大动脉"，它是诞生于抗日战争烽火中的国际通道。

中巴经济走廊——道路交通建设

为落实中巴两国领导人达成的共识，双方对接共建"一带一路"倡议与巴基斯坦"2025愿景"，始终按照以走廊为中心，以瓜达尔港、能源、交通基础设施、产业合作为重点的"1+4"合作布局，稳步有序推动走廊建设，取得了积极进展。

中巴国际公路——喀喇昆仑公路二期改建

1966年至1978年，中国援助巴基斯坦修建了长1038公里的喀喇昆仑公路。这条公路穿越了喜马拉雅山、兴都库什山、克拉昆仑山，历时12年。

"一带一路"费力不讨好？

中国企业在参与项目建设中，不仅树立了企业形象和品牌，还开拓了当地市场。

在很多项目工程中，中国企业的承包商、建设者的角色，给世界留下了深刻的印象。

中国企业修建的一些工程，成为当地标志性建筑，使当地基础设施状况大有改善。三年多来，"一带一路"建设已经取得了非常重要的成果。

中国企业为哈萨克斯坦修建公路，使当地交通运输状况大大改善的同时，还开拓了当地的汽车市场。

中国企业在孟加拉承包了7座大桥的建设，其中的帕德玛大桥是非常成功的工程。

中国企业在马来西亚修建的污水处理系统，改善了当地环境以及人们的生活和工作条件。

这些都大大提升了中国企业在当地的知名度，也大大提升了睦邻友好、负责任的中国国际形象。

"一带一路"没有给国人带来好处？

"一带一路"建设对个人、企业乃至国来说都是非常重要的。

- 锻炼、提升个人能力
  - 参与"一带一路"项目建设，使中国的年轻人得到了锻炼，开拓了眼界，丰富了阅历。
  - 能参与"一带一路"沿线国家标志性建筑项目的设计，能在历史上留下浓墨重彩的一笔，是实现个人梦想的最佳途径。

- 刺激出口，拉动经济增长
  就广东省来说，随着"一带一路"的推进，其对沿线国家的出口迅速增长，特别是对海上丝绸之路沿线国家的出口年增长达18%以上。投资增长更快，在30%左右。广东省的跨境投资大大促进了国际贸易和出口，带动当地经济发展。

- 企业保持国际竞争优势
  国内项目几近饱和，通过向"一带一路"沿线国家输出技术和资金，不仅保持了企业的竞争优势，而且大大提升了开辟新市场的能力。

图3.26 "道路工程"课程教学PPT节选

3.27 "工程设计优化方法"课程思政案例

3.27.1 课程设计及授课内容节选

教学目标、要求：

介绍、了解国外失误的建筑案例，分析原因，总结教训和启示。在此基础上，审视我国建设过程中出现的问题及成功的案例，各自总结并形成对未来建设工作的经验。提炼出"继往开来，继续走独立自主的创新之路"的内涵。

教学设计：

（1）国内外优秀的工程案例：都江堰导流与灌溉工程、詹天佑建设第一条山区铁路。

思政元素融入：实事求是，以科学为准则。发扬中华民族勤劳智慧的传统美德，强调中华文化的血脉相承。中华文化延续着我们国家和民族的精神血脉，既需要薪火相传、代代守护，也需要与时俱进、推陈出新。爱国爱路精神、精湛务实的技术、艰苦奋斗的精神值得后人学习。

（2）国内外失败的工程案例：意大利瓦依昂大坝；美国铁路建设中不利的一面。

（3）新中国成立后国有铁路系统的统一化。

优点有 3 条：从一地至另一地的客、货运输，可以组织直通车，无需中途更换列车，节省大量时间、人力和费用；主要的编组站只在大的铁路枢纽站修建，不需要多余的车场与调车，这就可以使货车便捷地由装车地到卸车地；全国只有 1 套旅客列车时刻表。

（4）跨越历史天堑的第一条电气化山区铁路——宝成线，宝鸡至秦岭 25 km 高差达 810 m，1958 年通车，669 km，全线隧道 304 座，桥梁 1001 座。

思政元素融入："我们走自己的路，具有无比广阔的舞台，具有无比深厚的历史底蕴，具有无比强大的前进定力。"

学生必须要勤奋学习，认真学好专业基础理论知识和系统专业知识，真正练好基本功，学习伟大工程，做有家国情怀的铁路工程建设者。

3.27.2 课程思政 PPT 展示（图 3.27）

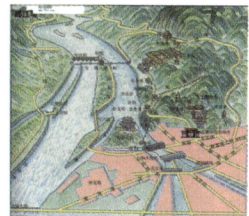

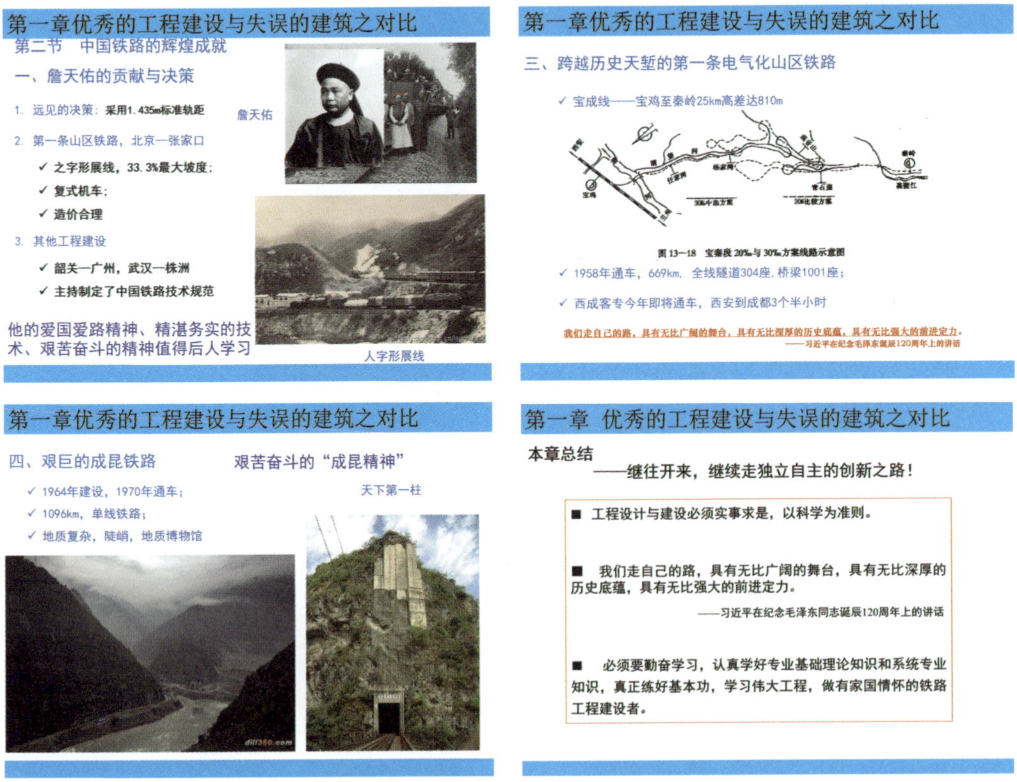

图 3.27 "工程设计优化方法"课程教学 PPT 节选

3.28 "交通土建信息化技术"课程思政案例

3.28.1 课程设计及授课内容节选

教学目标、要求：

了解交通土建信息化技术的概念——铁路工程；掌握交通土建信息化技术（铁路工程领域）工作内容，发展历程与未来趋势；初步掌握交通土建信息化（铁路工程领域）基本技术；赏析铁路工程实例，扩展学生的视野面。

教学设计：

（1）提问学生什么是铁路工程，包括哪些要素（互动）；简单介绍我国铁路工程发展的现状；进入本课的讲课内容。

（2）交通土建概述——铁路工程。

铁路属于轨道交通体系。传统意义的铁路是将动力转化为轮轨作用力，使车体移动，达到运输货物和旅客的目的。

截至2015年12月底，我国高速铁路运营总里程已突破1.9万千米，是全世界高铁运营里程最长、在建规模最大的国家，也是技术最全、运行速度最高的国家之一。

思政元素融入：随着"西部大开发"和"一带一路"倡议的逐步实施，中西部铁路网的规模不断扩大，川藏铁路的建设已经开工。川藏铁路显著的地形高差、频发的山地灾害、强烈的板块活动、脆弱的生态环境等特点，使川藏铁路的修建面临着重大挑战。

（3）交通土建信息化技术发展前景。

随着计算机技术、通信技术、自动控制技术、互联网技术、物联网技术、云计算技术、大数据技术、激光扫描等技术的不断发展，将这些技术应用于铁道工程、隧道工程、桥梁工程、道路工程、防灾减灾工程等交通土建工程中，传统的交通土建工程势必会迎来新的变革。

发展交通土建信息化是我国交通土建建设的现实需求，也是交通土建工程未来发展的战略任务。

掌握交通土建信息化发展技术要领，跟进时代潮流，方便就业。

"推动工程科技创新建设蓬勃发展中国。"习近平会见联合国教科文组织总干事的讲话。

（4）小结。

思政元素融入：学习伟大工程，做有家国情怀、有社会主义担当的工程建设者！交通土建信息化发展前景：发展交通土建信息化是我国交通土建建设的现实需求，也是交通土建工程未来发展的战略任务；掌握交通土建信息化发展技术要领，跟进时代潮流。

3.28.2 课程思政 PPT 展示（图 3.28）

图 3.28 "交通土建信息化技术"课程教学 PPT 节选

3.29 "城市轨道交通工程维护与管理"课程思政案例

3.29.1 课程设计及授课内容节选

教学目标、要求：

围绕我国城市轨道交通建设与运营的发展现状与趋势，领会"交通强国""新基建""新工科"背景下学习城市轨道交通工程运营与维护的重要意义；结合大国工匠精神，学习以创新精神、钻研精神、奉献精神和开拓精神，严肃对待城市轨道交通基础设施维护与管理的专业要求。

教学设计：

（1）城轨交通的建设与运营是"交通强国"战略的重要内容。

实现城市轨道交通"交通强国"的主要途径：

"一流设施"：完善的路网，多制式、高标准、数字化。

"一流技术"：科技创新、新工科；智能化、绿色化、高速化。

"一流服务"：安全、通达、速达，高品质。

思政元素融入：直面时代需求，服务重大战略，将个人的专业学习、职业发展融入国家与民族的伟大建设实践中。

（2）城轨交通的建设与运营是"新基建"、"新工科"的着力点。

思政元素融入：紧跟国家发展步伐，学习技术前沿，积极响应国家和时代对于传统学科、传统产业转型的号召，敢于创新、勇于开拓，献身"新基建"。

（3）维护与管理的性质。

维护与管理脱胎于"匠人"，做一个优秀的维护与管理人员，应学习"钟南山"精神，做到：学会长大，勇担社会责任；收拾心情，专心学业；追求卓越，心怀理想；吃苦耐劳，甘心奉献

思政元素融入：结合时事热点，学习时代楷模，学好城轨交通维护与管理理论及实务，争做"大国工匠"。

（4）蓬勃发展的多制式轨道交通系统。

打造"高铁"国家名片的同时，发展和完善了多制式的城市（城际）轨道交通系统：地铁、跨座式轻轨、有轨电车、悬挂式空轨、磁浮交通、智轨和城际快速轨道交通系统等。中国多制式的特点：技术门类多，拥有世界上最多样的轨道交通制式，是综合国力和技术水平的集中体现；

思政元素融入：科技创新推动城市轨道交通蓬勃发展，推动中国交通系统快速进步，既要有光荣感，也要有使命感。

3.29.2 课程思政 PPT 展示（图 3.29）

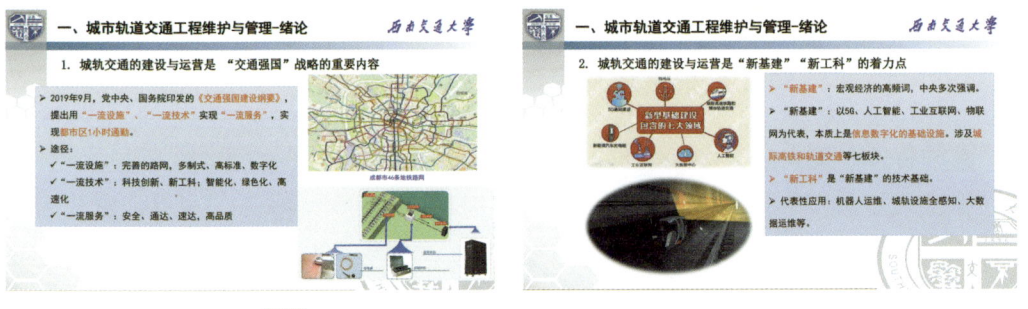

图 3.29 "城市轨道交通工程维护与管理"课程教学 PPT 节选

3.30 "轨道工程"课程思政案例

3.30.1 课程设计及授课内容节选

教学目标、要求：

掌握道岔的概念，功能，类型和构造；理解铁路道岔的作用及其对轨道交通的重要意义；了解铁路车站的基本结构形式及其特点；解读我国高速道岔研发的艰辛历程及科研人员的爱国与担当精神，启发学生的科学思维，弘扬爱国主义精神。

教学设计：

（1）我国高速道岔研发的艰辛历程。

道岔是机车车辆从一股轨道转入或越过另一股轨道时必不可少的线路设备，是铁路轨道的一个重要组成部分。由于道岔具有数量多、构造复杂、使用寿命短、限制列车速度、行车安全性低、养护维修投入大等特点，所以与曲线、接头并称为轨道的三大薄弱环节。

背景：高速道岔是高铁安全运营的薄弱环节与技术瓶颈，为德法所垄断。中国国内需求高速道岔：铺设约 8 000 组，投资约 500 亿元，运营速度 350 千米/时，但是国内的自主研发还是空白。

思政元素融入：科学技术是现代生产力发展和经济增长的第一要素，过去，生产力发展和经济增长主要靠劳动力、资本和自然资源的投入，现代社会随着知识经济时代的到来，科学技术、智力资源日益成为生产力发展和经济增长的决定性要素，生产力发展和经济增长主要靠的是科学的力量、技术的力量。

（2）科研人员爱国及担当精神。

爱国主义是中华民族精神的核心，爱国主义精神激励着一代又一代中华儿女为祖国发展繁荣而不懈奋斗；幸福都是奋斗出来的，社会主义是干出来的，新时代是奋斗者的时代，要把爱国之情、报国之志融入祖国改革发展的伟大事业之中、融入人民创造历史的伟大奋斗之中。

爱国主义是创造、开拓的动力，也是克服一切困难的精神支柱；科技工作者应将爱国主义情怀作为从事科技工作的崇高信念，把爱国主义精神的传承和发扬光大作为科技活动中的一种担当。

科技是国之利器，国家赖之以强，企业赖之以赢，人民生活赖之以好。中国要强，中国人民生活要好，必须有强大科技。新时期、新形势、新任务，要求我们在科技创新方面有新理念、新设计、新战略。

3.30.2 课程思政 PPT 展示（图 3.30）

图 3.30 "轨道工程"课程教学 PPT 节选

3.31 "铁路线路测试技术"课程思政案例

3.31.1 课程设计及授课内容节选

教学目标、要求：

在简单介绍国外铁路发展的基础上，了解中国铁路建设发展的历史和成就，重点理解中国铁路建设和国家经济、社会发展之间的关系；进一步认识中国铁路建设近年来取得的成就和未来的发展趋势。

教学设计：

（1）中国近代铁路建设，主要包括建设背景、铁路设计、建造过程中的参与情况，1905—1909年，"中国铁路之父"詹天佑主持修建中国自主设计并建造的第一条铁路——京张铁路；创设"竖井开凿法"和"人"字形线路，震惊中外！

思政元素融入：封建社会、半殖民地半封建社会的生产力局限性；清朝时，排除了英、俄两国的重重阻挠，由詹天佑任总工程师，建造及管理完全由中国人掌握。

（2）20世纪的新中国铁路建设。

新中国第一路：成渝铁路。1950年6月15日，在成都举行成渝铁路开工典礼。1952年6月13日，铺轨到达终点站成都，两年修通成渝铁路，实现了四川人民多年的愿望。

第一条电气化铁路：宝成铁路翻越秦岭，突破"蜀道难"的第一条铁路。

我国重载铁路干线：大秦铁路。2003年9月大秦线正式开行1万吨重载列车，2006年3月正式开行2万吨重载组合列车，速度80 km/h，日均密度87列，列车速度、密度、重量匹配，创造世界重载铁路之最。2014年4月2日，由4台电力机车和315节货运车皮组成的3万吨重载列车在大秦铁路上试验成功，列车全长3.8 km。

思政元素融入：新中国成立后，交通运输作为国民经济的重要基础设施，是新中国成立后经济恢复的重点，独立自主，自力更生的成渝铁路建成通车有力推动了西南地区经济的恢复和发展，是新中国成立后建成的第一条铁路干线。

（3）21世纪的中国铁路建设。

世界海拔最高的铁路：青藏铁路。格尔木至拉萨段全长1142 km，海拔高于4000 m地段长达960 km，最高点5072 m，是世界上海拔最高的铁路。工程建设突破了多年冻土、高寒缺氧、生态脆弱三大世界性工程难题。

思政元素融入：国民经济及社会发展对铁路发展的推进，"十三五"规划重提出的交通运输低碳和智能发展，以及科技进步对我国铁路交通，特别是高速铁路建设的影响。

3.31.2 课程思政 PPT 展示（图 3.31）

图 3.31 "铁路线路测试技术"课程教学 PPT 节选

3.32 "城市地下空间规划与设计"课程思政案例

3.32.1 课程设计及授课内容节选

教学目标、要求：

了解地下空间开发利用的宏观背景，掌握地下空间的基本特性；了解地下空间开发利用的历史和发展趋势，理解地下空间开发利用形态；理解城市地下空间规划的基本内涵、城市地下空间规划的特点与要求、城市地下空间规划设计的基本原则和城市地下空间规划的编制层次；掌握城市地下空间规划的基本内容。

教学设计：

我国历史上的地下空间开发利用主要分为如下几类：

（1）地下窑洞。

早在4 000年以前，在我国现今黄河流域的山西、河北、河南、陕西、甘肃一带，当地居民已在辽阔的黄土地带上建造地下窑洞，这些窑洞一直沿用发展至今，主要分为下沉式和靠山式。

（2）陵墓建筑。

在我国封建社会这一漫长的历史时期中，建造陵墓和满足一些特殊宗教要求的建筑是地下空间开发利用的重要方面。具有代表性的有殷朝王墓、秦始皇陵、明陵等大坟墓。

（3）地下仓储。

利用地下空间作为仓库，在我国由来已久。1971年，在洛阳市东北郊发掘出一座古代地下粮库，系隋朝建造（7世纪），这是我国很早就利用地下空间作为仓库的例证。

（4）采掘与水利建筑。

我国是世界上最早进行采矿的国家。《天工开物》一书是中国古人阐述有关地下采矿工程方面的较早文献。此外，在水利工程方面，也有开发地下空间的事例，如陕西褒城的石门隧洞，陕西大荔县修建洛水渠时，曾发现有给水隧洞，规模都非常大。

课程思政融入：这说明，我国古代在生产建设中，曾致力于地下空间的开发，尤其是施工技术方面，当时处于世界领先的地位。

（5）地下军事工程。

地下空间作为军事用途，在我国的古代与现代均有利用。1961年在河北峰矿区发现用于军事目的的古代地道，是800年前宋朝时挖掘的。在北雄县等地也有类似发现。

3.32.2 课程思政 PPT 展示（图 3.32）

图 3.32 "城市地下空间规划与设计"课程教学 PPT 节选

3.33 "地下工程试验与量测技术"课程思政案例

3.33.1 课程设计及授课内容节选

教学目标、要求:

复习地下支护结构设计特点,了解地下工程试验与量测主要内容,重点理解试验与量测技术在地下工程中的必要性以及未来的发展趋势。

教学设计:

(1)地下支护结构设计特点:外力不明确、受力状态多变。

(2)现代支护结构设计原理,以岩石力学为基础,考虑支护结构与围岩相互作用的现代支护结构原理逐渐形成。根据新奥法的设计施工的基本原理,围岩也是支护体系的一部分,选择合适的支护时机,充分发挥围岩的自承能力,允许支护结构发生适量变形。这一理念减小了作用于地下结构荷载,支护结构设计更合理、安全、经济。

思政元素融入:人类对自然界的认识是一个发展过程,要与时俱进,开拓创新,在实践中认识和发现真理,在实践中检验和发展真理。

(3)地下支护结构设计方法:地下工程的设计与施工普遍采用科学化的经验方法与工程实际密切结合的信息化监控设计施工方法,通过量测获得围岩和支护系统力学性态,与工程类比的经验方法相结合,及时调整、确定支护参数或作出施工决策。因而,试验与量测在地下工程中起着重要作用。地下工程设计是一个动态过程,必须实事求是,以科学为准则来开展。

思政元素融入:地下工程设计是一个动态过程,必须实事求是,以科学为准则来开展。

(4)地下工程试验与量测内容,包括地下工程施工监控量测、室内和现场试验、支护结构质量检测、超前地质预报等。

思政元素融入:实践是检验真理的唯一标准,必须实事求是,以科学为准则来开展。创新是一个民族进步的灵魂,是一个国家兴旺发达的不竭动力。

3.33.2 课程思政 PPT 展示（图 3.33）

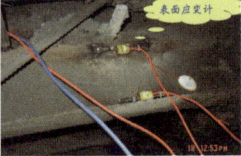

图 3.33 "地下工程试验与量测技术"课程教学 PPT 节选

3.34 "地下工程通风与空调"课程思政案例

3.34.1 课程设计及授课内容节选

教学目标、要求：

介绍地下工程通风与空调的目的与作用，通过公路隧道、铁路隧道、地下铁道通风与空调发展历程让同学了解地下工程通风与空调技术的技术发展及创新。

教学设计：

（1）地下工程有害物质，重点介绍地下工程有害物质来源及种类，介绍各有害物质对人正常生理活动的危害及科学控制标准，通过合理规范对地下工程环境标准进行控制。

思政元素融入：注意强调规范在地下工程通风设计的作用，强调规范的科学性和技术经济性。

（2）介绍地下工程通风与空调的作用，重点介绍地下工程运营与防灾通风。

思政元素融入：重点强调地下工程通风设计理念，与社会主义"以人为本"发展理念之间的关系。

（3）地下工程通风与空调发展。

介绍我国铁路隧道发展，以及我国技术专家在公路隧道通风方式的创新性发展路程，讲解京张铁路八达岭隧道、宝成铁路秦岭隧道及青藏铁路关角隧道通风方式。

思政元素融入：一代代交大人在铁路领域的奉献精神，激励青年投身社会主义现代化建设。

（4）地下铁道通风发展，重点强调地铁在实践中改进通风方式。

思政元素融入：马克思主义理论与实践的辩证关系，强调科学技术与实践应用之间相辅相成的关系。

3.34.2 课程思政 PPT 展示（图 3.34）

图 3.34 "地下工程通风与空调"课程教学 PPT 节选

4 "三全育人"的评价与监督

教师思想政治素质，是实现立德树人的前提条件，教师的选拔、培养和监督需要有效的制度保障。根据《"三全育人"综合改革试点工作建设要求和管理办法（试行）》和《普通高等学校院（系）"三全育人"综合改革试点建设标准（试行）》的要求，"三全育人"需要建立相应的评价和监督机制，尤其是"把课程育人作为教学督导和教师绩效考核的重要方面"。

同时，根据中央精神和教育部其他相关文件要求，课程思政尚需要在"三全育人"的大背景下进行，"三全育人"各个板块工作的评价和监督机制，与课程思政一样重要。评价和监督的效果，需要整体的氛围才能促成最佳。为避免课程思政评价监督机制成为孤立的存在，土木工程学院坚持以党建为引领，秉承全面从严治党的要求，坚持从教师思想政治素质的教育提高入手，将评价和监督机制同时作用于"课程育人""科研育人"和"文化育人"等各个板块，营造思想政治教育的"大环境"，将思想政治教育融入育人的每一个方面，也是"三全育人"之"全"的体现。秉承该宗旨，土木工程学院先后编制了《西南交通大学土木工程学院贯彻落实全面从严治党要求实施办法》《西南交通大学土木工程学院教职工思想政治与师德师风建设实施工作意见》《西南交通大学土木工程学院科研育人评价机制》《西南交通大学土木工程学院宣传管理办法》等一系列文件，作为保障机制的制度依据，本章将具体介绍这些文件的内容，以供相关单位建立相应的评价考评机制时参考。

4.1 土木工程学院贯彻落实全面从严治党要求实施办法

为深入学习贯彻习近平新时代中国特色社会主义思想和党的十九大精神，进一步推动全国高校思想政治工作会议各项部署落地见效，特别是关于"党要管党、从严治党"的重要论述，根据上级党委相关精神和要求，结合土木工程学院党委工作的实际情况，制定相关实施办法。

4.1.1 总体要求

（1）深刻认识全面从严治党的重要意义。党的十九大以来，以习近平同志为核心的党中央坚持党要管党、从严治党，对党的建设从战略高度进行新谋划、新布局，形成了全面从严治党思想，为新形势下加强和改进党的建设指明了方向。高校肩负着学习研究宣传马克思主义、培养中国特色社会主义事业建设者和接班人的重大任务。加强和改进高校党的建设，是办好中国特色社会主义大学的根本保证。全校各级党组织要切实增强政治意识、大局意识、核心意识、看齐意识，切实把全面从严治党要求落到实处，努力开创学校党的建设新局面。

（2）准确领会全面从严治党的科学内涵。习近平总书记深刻阐释了全面从严治党的科学内涵。全面从严治党，核心是加强党的领导，基础在全面，关键在严，要害在治。"全面"就是管全党、治全党，面向全体党员和全部党组织，覆盖党的建设各个领域、各个方面、各个部门，重点是抓住"关键少数"。"严"就是真管真严、敢管敢严、长管长严。"治"就是从各级党组织到基层党支部，都要肩负起主体责任。

（3）认真落实全面从严治党主体责任。全面从严治党是学校各级党组织的职责所在，要牢固树立不管党治党就是严重失职的观念，在工作的方方面面体现党的领导。学院党委书记当好第一责任人，对本单位的政治生态负责，对党员、干部的健康成长负责。要把责任传导给班子成员，确保责任落到实处。要重点围绕党的领导是否弱化、党的建设是否缺失、全面从严治党是否不力等方面，认真落实主体责任，不断加强和改进党的建设。

4.1.2 重点任务

4.1.2.1 坚持思想建党和制度建党

（1）明确党委班子对意识形态工作的主体责任，注重领导班子整体协作功能的发挥，注重议事决策的科学化与高效化。学院党委书记、院长工作职责明晰，集体领导、党政分工负责、确保协调运行工作机制顺畅。党委书记作为党建工作第一负责人，全面负责学院党风廉政建设和领导干部"一岗五责"的落实。班子成员分工明确、职责清晰，协作互助，形成良好的工作秩序与沟通机制。领导班子规范施行党政联席会议制度，党政协作共同参与讨论决定学院的重大事项，落实"三重一大"民主决策机制，有效建设党委会议制度、书记例会制度、中心组学习制度等机制保障。

（2）加强理论学习。认真学习中国特色社会主义理论体系，特别是习近平总书记系列重要讲话精神，自觉用贯穿其中的立场、观点、方法，武装头脑、指导实践、推动工作，始终不渝为中国特色社会主义共同理想而奋斗。扎实推进学习型党组织建设，建立完善学院中心组学习制度，认真落实党员、干部教育培训计划，创新学习方式，丰富学习载体，切实提高学习效果。

（3）加强党性和道德教育。深入开展党性党风党纪教育，引导党员、干部坚定理想信念，坚持"四个自信"，坚守共产党人精神追求，筑牢拒腐防变的思想道德防线。引导党员、干部从自己做起、从岗位做起，自觉做践行社会主义核心价值观的模范。加强教师职业道德和学生诚信感恩教育，引导党员干部、师生员工自觉成为道德的传播者和践行者。

（4）强化思想政治工作。进一步加强和改进思想政治工作方法，充分利用新媒体，采取党员、干部喜闻乐见的新形式，弘扬主旋律，传播正能量。及时了解党员、干部的思想动态，做好分析研判、思想疏导和困难帮扶工作，重点解决党员、干部具体的思想问题、工作问题和生活问题，着力体现党组织的关怀和温暖。

4.1.2.2 严肃党内生活，营造良好政治生态

（1）严格党内政治生活。严肃党内政治生活贵在经常、重在认真、要在细节。要坚持和发扬实事求是、理论联系实际、密切联系群众、开展批评与自我批评、坚持民主集中制等优良传统。切实提高党内政治生活的政治性、原则性、战斗性，使党内政治生活真正起到教育改造提高党员、干部的作用。

（2）规范和严格民主生活会制度。巩固和拓展党的群众路线教育实践活动成果，进一步严格程序、细化要求，做实征求意见、谈心交心、对照检查、整改落实等环节工作，深入开展批评和自我批评，提高解决自身矛盾和问题的能力。

（3）规范和严格组织生活制度。支部组织生活会要规范程序、严格标准，使每名党员都受到党内生活的教育。党员领导干部要严格执行双重组织生活会制度，既认真参加领导班子民主生活会，又以普通党员身份参加所在党支部的组织生活会。坚持"三会一课"、民主评议党员等制度，结合实际开展主题党日、警示教育等活动。不断完善支部工作法，把全面从严治党要求体现到支部工作方法创新中，使之成为党支部规范和严格组织生活的有效载体。

4.1.2.3 坚持从严管理，建设高素质干部队伍

（1）加强干部监督管理。坚持以严的标准要求干部、以严的措施管理干部、以严的纪律约束干部，准确把握监督执纪"四种形态"，坚持抓早抓小，对党员干部工作、生活、作风方面的苗头性、倾向性问题，通过批评与自我批评、针对性谈话等方式咬耳扯袖、提醒告诫，让党员干部不犯错或少犯错。

（2）切实发挥学院纪委的监督职能。学院纪委要履行党内监督的作用，形成完善的监督体制，纪委书记必须参加学院的党政联席会议，必须参与学院的重大决策、重大项目、重要人事安排、大金额财务支出等重要事务的全过程。

（3）健全考核评价机制。学院积极配合学校党委的干部考核工作机制，注重德和实绩的考核。强化考核结果运用，对优秀的要表扬、表彰；对基本合格的要进行诫勉谈话或组织调整；对不合格的要作出降职、责令辞职、免职等组织处理。

（4）注重固本强基，切实增强基层党组织战斗力。开展"两学一做"学习教育。坚持"学""做"并重，教育引导广大党员自觉按照党员标准规范言行，进一步坚定理想信念，提高党性觉悟；进一步增强政治意识、大局意识、核心意识、看齐意识，坚定正确政治方向；进一步树立清风正气，严守政治纪律政治规矩；进一步强化宗旨观念，勇于担当作为，在工作、学习和社会生活中起先锋模范作用。坚持问题导向，着力解决理想信念模糊动摇、党的意识淡化、宗旨观念淡薄、精神不振、道德行为不端等突出问题。

（5）推进基层党组织工作创新。认真贯彻落实《普通高等学校基层党组织工作条例》，按照有利于发挥政治核心和战斗堡垒作用，优化基层党组织设置，扎实推进抓基层打基础工作。坚持围绕中心、服务大局、拓宽领域、强化功能，不断改进基层党组织的活动内容和工作方式，充分发挥基层党组织推动发展、服务群众、凝聚人心、促进和谐的作用。坚持以创新激发党组织工作活力，综合运用网络、微信、微博等现代传播技术，把党建工作渗透、融合到各项工作中，切实增强党的组织活动的吸引力和有效性。

（6）增强党员队伍生机活力。建立健全教育、管理、服务党员长效机制，激发党员增强光荣感和责任感、保持先进性的内在动力。认真落实学校《发展党员工作若干规定》，坚持标准、严格程序、严肃纪律，严把党员队伍入口关。认真落实党员教育培训工作规划，拓展党员受教育渠道。关心党员学习、工作和生活，建立健全党内激励、关怀、帮扶机制。拓展党员服务群众渠道，建立党员联系和服务群众工作体系。

4.1.2.4 持续深入改进作风，推进作风建设常态化长效化

（1）坚决反对"四风"。持续深入贯彻中央八项规定精神，落实学校实施细则，抓住重要节点，坚决查处公款吃喝送礼、公款旅游、公车私用等突出问题，对顶风违纪的从严执纪、从重处理。巩固党的群众路线教育实践活动成果，认真落实领导干部联系基层服务师生制度，重点解决师生员工关心的热点难点问题。深化"三严三实"专题教育成果，党员干部要带头转变作风，加强管理，强化服务。

（2）加强师德师风建设。严格执行《高等学校教师职业道德规范》和《严禁教师违规收受学生及家长礼品礼金等行为的规定》。大力弘扬立德树人、教书育人的师德风范，表彰宣传优秀教师典型，不断提高教师思想政治素质和职业道德。完善相关制度和评价体系，将师德作为教师年度考核、岗位聘任、职称评审、绩效评价、评优评先的首要标准。严肃查处违反师德行为和学术不端行为。

4.1.2.5　加强党的纪律建设，扎实推进反腐倡廉工作

（1）把纪律建设摆在更加突出位置。要深入开展纪律教育，使党员、干部增强纪律意识，把党章党规党纪刻印在心上，形成尊崇党章、遵守党纪的良好习惯。要狠抓执纪监督，把贯彻落实《准则》《条例》作为重要抓手，以纪律为尺子衡量党员、干部的行为，严肃查处各类违纪问题，提高纪律执行力，维护纪律严肃性。要养成纪律自觉，教育引导广大党员、干部特别是领导干部严格按照党章标准要求自己，知边界、明底线，把他律要求转化为内在追求，自觉以身作则，发挥表率作用。

（2）落实全面从严治党主体责任和监督责任。党委要履行好用人责任、纠正责任、监督责任、支持责任和管理责任。纪委要认真履行监督责任，聚焦中心任务，强化监督执纪问责。

（3）推进教育、制度、监督综合发力。深化党风廉政教育，构建以领导干部为重点、纪律教育为核心、警示教育为特色、廉政文化为引领的党风廉政教育工作格局。深化廉政风险排查整治，建立常态风险防控和专项防控相结合的防控机制。

4.2　土木工程学院教职工思想政治与师德师风建设实施工作意见

为深入贯彻落实党的十九大精神，大力推进《中共中央国务院关于全面深化新时代教师队伍建设改革的意见》的实施，进一步完善新时代师德建设长效机制，土木工程学院根据《教育部关于开展师德建设长效机制贯彻落实专项督查的通知》（教师函〔2018〕6 号）（附件 1）的相关要求，根据上级有关教师思想政治工作、师德师风建设等文件精神，结合土木学院实际，就进一步加强和改进我院教师思想政治工作与师德师风建设提出实施意见。

4.2.1　指导思想

大力贯彻落实党中央关于全面加强师德师风建设的各项决策部署以及全国高校思想政治工作会议精神，对照落实《教育部关于建立健全高校师德建设长效机制的意见》（教师〔2014〕10 号）、《西南交通大学加强教师思想政治工作和师德师风建设实施细则（试行）》的通知（西交党〔2017〕27 号），学院党委及各教职工党支部紧抓本单位师德师风建设，强化党组织的作用发挥和主体责任，深化师德师风综合治理，推动师德建设工作的常态化长效化，规范和引导广大教师以德立身、以德立学、以德施教、以德育德，全面落实立德树人根本任务。

4.2.2 提升认识

加强教师思想政治工作和师德师风建设的长效机制，是办人民满意大学的根本要求，同时也是着力提高教育教学质量、实现学校发展目标的基本保证，也是深化育人机制、夯实大学生思想政治工作的基本前提。土木学院以党委牵头履行学院思想政治工作和师德师风建设的主体责任，党委书记作为思想政治工作和师德师风建设的第一负责人，各教职工支部作为基层建设机构。

每位教职员工必须充分认识新形势下加强和改进教师思想政治工作和师德师风建设的重要性，围绕立德树人根本任务，进一步增强工作的积极性、主动性、创造性，加强思想政治教育，推进师德师风建设，创新工作方式方法，引导广大教师做有理想信念、有道德情操、有扎实学识、有仁爱之心的党和人民满意的好老师，学院也要通过多种方式努力培养造就一支师德高尚、业务精湛、结构合理、充满活力的高素质专业化教师队伍。

4.2.3 加强教师思想教育和引导

（1）加强教职工政治理论学习。学院各教职工支部负责完成本单位的教职工理论学习的计划与实施，原则上每两周进行一次集中的政治理论学习，保证广大教职工顺利学习最新的理论成果和重要会议精神。坚持不懈用中国特色社会主义理论体系武装教师头脑，自觉践行社会主义核心价值观，坚持正确的政治方向，正确理解学校"双一流"建设战略，积极投身土木学院创一流示范性改革。学院党委不定期组织开展专题培训、座谈讨论，加强学习检查和督促考核。鼓励各单位健全学习制度，丰富学习内容，创新学习方式，不断提高政治理论学习效果。

（2）强化政治纪律要求。坚持"学术研究无禁区、课堂传授有纪律"的原则，杜绝有损国家利益和不利于学生健康成长的言行。对在课堂教学中传播违法、有害观点和言论的，要给予严肃批评教育；编写制作政治性非法出版物或从事非法活动的，要依纪依法严肃处理；建立学术安全培训制度和涉外科研项目保密审查，同时，要加强网络道德宣传，规范教师网上言行。

（3）加强教师思想动态研判。要定期开展全院师生思想动态的研判和上报，特别针对教师思想状况进行调研，准确把握教师思想动态。学院党委委员要深入基层，进行调研工作，通过座谈、走访等形式，了解收集教师关注的热点问题、对学校学院的工作意见和建议，定期整理和上报党委会议。各教职工支部也要做好教师舆情信息搜集、上报、分析与疏导工作，对教师舆情要做到早发现、早引导，将问题解决在萌芽状态，避免出现群体性事件和网络舆论事件，影响正常的校园秩序。

（4）做好教职工党建工作。建设学习型、服务型、创新型党组织，选好配强教工党支部书记，配套教工党支部建设经费，创新组织生活方式，丰富党组织活动内容，充分发挥优秀教师党员的示范引领作用，增强党组织的凝聚力和吸引力。重视在科研骨干、学术带头人、留学归国人员中培养入党积极分子，把优秀教师凝聚在党的周围；注重从优秀青年教师中发展党员。

4.2.4 推进师德师风建设

（1）开展师德教育。加强教师职业理想和职业道德教育，以立德树人为出发点和立足点，增强教师教书育人的责任感和使命感，引导教师爱国守法、敬业爱生、教书育人、严谨治学、服务社会、为人师表。将师德教育作为优秀教师团队培养和骨干教师、学科带头人培育的重要内容；加强教师学术道德教育，大力提倡实事求是的科学精神和严谨的治学态度，营造良好的学术风气。采取实践反思、师德典型案例评析、情景教学等丰富多样的师德教育形式，把教书育人楷模、一线优秀教师等请进课堂，用优秀教师的感人事迹诠释师德内涵。

（2）健全师德考核。严格师德考核，促进教师自觉加强师德修养。制定师德考核实施办法，将师德考核作为教师考核的重要内容。师德考核应充分尊重教师主体地位，坚持客观公正、公平公开原则。考核优秀的应当予以公示表彰，确定考核不合格者应当向教师说明理由，听取教师本人意见。考核结果应通知教师本人，并存入教师档案。师德考核不合格者年度考核应评定为不合格，并在教师职务（职称）评审、岗位聘用、评优奖励等环节实行一票否决。

在师资补充、人才引进和教师岗位公开招聘中，严格教师资格和准入制度，加强对新入职教师的思想政治和品德学风的综合考察把关。

教师个人考核采取教师自评、学生测评、同事互评、单位总评等方式，分别从政治理论学习、执行方针政策、思想政治表现、工作态度、工作作风、专业思想与责任感、为人师表、业务素质等方面进行评价，形成公开、公平、公正、易于操作的考核办法。

（3）强化师德监督。建立健全师德年度评议制度，师德问题报告制度，师德状况定期调查分析制度和师德舆情快速反应制度，及时研究加强和改进师德建设的政策与措施。健全学生评教机制，建立师德投诉举报平台，接受教师、学生、家长和社会等的投诉举报，对师德问题做到有诉必查，有查必果，有果必复。通过师德投诉平台和其他各种途径投诉的师德问题进行认真调查，及时纠正不良现象和问题。

完善学生学习成效反馈与评教机制建设，发挥学生主体作用，在调查学生学习体验，关注学生对课程的总体感受、对个人学习成果的感受的同时，对授课教师教书育人、当好"四个引路人"的感受做出切合实际的评价。

（4）严格师德惩处。建立健全师德年度评议制度，师德问题报告制度，师德状况定期调查分析制度和师德舆情快速反应制度，及时研究加强和改进师德建设的政策与措施。建立健全教师违反师德行为的惩处机制和问责机制。依法依规分别给予警告、记过、降低专业技术职务等级、撤销专业技术职务或者行政职务等处分。对严重违法违纪的要及时移交相关部门。院党委书记和职能部门负责人是师德建设的第一责任人，对教师出现严重违反师德行为，监管不力造成不良影响或严重后果的，要追究其管理责任。

（5）注重师德激励。进一步完善师德表彰奖励制度，将师德表现作为评奖评优的首要条件。师德表现突出的，在教师职务（职称）晋升，研究生导师遴选，优秀教师、优秀教育工作者、优秀科技工作者、教学名师评选，学术和技术带头人、突出贡献专家推荐，以及各类高层次人才评选中优先考虑。每两年举行一次师德标兵、师德先进个人和师德建设先进集体的评选表彰活动。

（6）加强师德宣传。要坚持正确舆论导向，把师德宣传作为宣传思想政治工作的重要组成部分，把培育良好师德师风作为学院文化建设的核心内容，要善于针对师德建设中出现的热点、难点问题，及时应对并加以引导。积极挖掘、遴选各个层面的师德先进典型，通过微博、微信、微电影、橱窗等形式，宣传学校优秀教师的典型事迹，总结、推广各单位师德建设的好办法、好经验，营造崇尚师德、争创典型的舆论氛围。

4.2.5 加强青年教师思想政治工作

青年教师是学院教师队伍的重要组成部分，是学院发展的重要力量。青年教师与学生年龄接近，对学生的思想行为影响更直接，对学生的健康成长具有重要的示范引导作用。要把青年教师思想政治工作放在重要位置，坚持政治上主动引导、专业上着力培养、生活上热情关心，助力青年教师成长发展。以"精勤求学、敦笃励志、忠恕任事"的校训和"竢实扬华，自强不息"的交大精神加强对青年教师的培训。

以讲座、论坛等多种形式开展对教师的理想信念、政策法规、心理健康、师德师风、时事政治等教育活动，积极引导教师做"四有"好教师。

组织开展不同形式的师德传承结对活动，充分发挥老教师对青年教师的传、帮、带作用，做好青年教师思想政治和职业道德培养，树立"师德无小事，小处见师德"的意识和观念。

4.3 土木工程学院"课程思政"建设管理办法[①]

为充分发挥课堂主渠道在高校思想政治工作中的作用，有效推进学校"课程思政"工作深入开展，促进思政教育和专业教育的有效融合，提高学校整体思政工作水平，根据《全国高校思想政治工作质量提升工程实施纲要》（教党〔2018〕62）、《中共中央国务院关于加强和改进新形势下高校思想政治工作的意见》（中发〔2016〕31号）、《高等学校课程思政建设指导纲要》（教高〔2020〕3号）等文件要求，结合教育部首批"三全育人"综合改革试点单位和教育部党建标杆院系相关指导文件精神，制定土木工程学院"课程思政"管理办法。

4.3.1 指导思想

以习近平新时代中国特色社会主义思想为指导，以党的十九大精神为指引，深入贯彻全国全省高校思想政治工作会议和习近平总书记主持召开的学校思想政治理论课教师座谈会精神，坚持社会主义办学方向，全面落实立德树人根本任务。深入挖掘各门课程所蕴含的思想政治教育元素和承载的思想政治教育功能，按照价值引领、能力达成、知识传授的总体要求，把思想政治教育工作贯穿教育教学全过程，推进全员、全过程、全方位育人，培养德智体美劳全面发展的社会主义建设者和接班人。

4.3.2 总体目标

通过"课程思政"教育教学改革，深化教书育人内涵；引导教师自觉将思想政治教育元素融入各类课程教学，将思想政治教育贯穿于教育教学全过程，促进思想政治教育与知识体系教育的有机统一；强化思政理论教育和价值引领，充分发掘和运用各学科蕴含的思想政治教育资源，将专业知识与思政元素深度融合，建设一批充满德育元素、发挥德育功能的"课程思政"示范课程，培养一批信念坚定、人格端正、学识扎实、传道有方的"课程思政"名师，构建"课程思政"育人体系。

4.3.3 基本原则

（1）遵循教育规律。遵循思想政治工作规律、学生身心发展规律和教育教学基本规律，精心设计课程、认真组织教学，促进"课程思政"建设的科学性、系统性、高效性。

（2）发挥教师主体作用。加强教师"课程思政"意识培养，提高教师将思想政治

[①] 该办法为讨论稿版本。

教育融入课程的教学能力,充分发挥教师课程育人的主体作用,保障教师有效开展"课程思政"建设工作。

(3)注重改革创新。引导教师充分利用现代教育技术在课程教学过程及教学资源建设中的应用,改革教学方法,创新教学手段,拓展思政教育与专业教育的融入渠道。

4.3.4 思政元素

(1)理想信念教育。把马克思主义经典理论和习近平新时代中国特色社会主义思想等马克思主义中国化的最新理论成果融入课程内容,教育引导学生增强"四个意识",坚定"四个自信",做到"两个维护",立志肩负起民族复兴的时代重任。

(2)社会主义核心价值观教育。将培育和践行社会主义核心价值观贯穿课程始终,从国家意识、法治意识、社会责任意识和个人诚信意识等层面,加强社会公德、职业道德、家庭美德、个人品德教育,在潜移默化中引导学生树立正确的世界观、人生观、价值观。

(3)中华优秀传统文化教育。推动中华优秀传统文化融入课程教学,加强革命文化和社会主义先进文化教育,引导学生厚植爱国主义情怀,传承中华优秀传统文化,弘扬以爱国主义为核心的民族精神和以改革创新为核心的时代精神。

(4)工程师职业素养教育。把工程师职业素养教育与课程教学内容紧密结合起来,重点围绕职业道德和工程伦理等方面,加强科学精神和工匠精神教育,在教育过程中强调价值观的同频共振,使课程教学的过程成为引导学生学习知识、锤炼心志和养成品行的过程。针对服务于"交通强国"和"一带一路"倡议的人才培养特色,帮助学生树立"全球人类命运共同体"意识和跨文化自信。

(5)生态文明教育。帮助学生树立环境和生态健康发展的重要发展理念,将习近平总书记关于生态文明和人民美好生活思想的重要论述与授课内容有机融合,加强环境保护教育,引导学生树立崇尚自然、尊重自然的理念,切实增强学生投身习近平生态文明建设的责任感、使命感。

教师应当根据课程特点、结合课程内容,充分梳理教学内容中蕴含的思想政治教育元素,并发挥其承载的思想政治教育功能。遵循"润物无声"的基本原则,将思想政治教育有效融入课程教学中。

4.3.5 方法措施

(1)课程设置。课程设置应以课程育人为导向,充分挖掘课程蕴含的思想政治教育元素和所承载的思想政治教育功能,形成各门课程协同育人格局,落实立德树人根本任务。

（2）教师队伍。加强师德师风建设，加强教师"课程思政"教学能力培训，增强其育人意识，提高教师的思想政治教育素养，引导所有教师树立"课程思政"理念，积极主动把思想引领和价值观塑造融入课程教学。

（3）课程大纲。梳理课程的思想政治教育元素，在课程教学大纲中融入"课程思政"目标；合理设计相应教学环节，将"课程思政"元素融入学生的学习内容中，体现在学生考核知识中。

（4）教学过程。将思想价值引领贯穿课程方案、课程标准、教学计划、备课授课、教学评价等教育教学全过程，促进教学与育人同向同行，实现知识传授、能力培养与价值引领的有机统一。

（5）管理评价。在教学过程管理和教学质量评价中将"价值引领"作为重要监测指标，引导所有课程自觉融入思想政治教育理念和社会主义核心价值观教育，在教学建设、运行和管理等环节中形成相应的评价监督机制。

4.3.6 保障机制

（1）组织领导。在校级课程思政教学改革领导小组的统一部署下，学院课程思政教学改革领导小组完善相关制度措施，健全工作机构，齐抓共管、统筹推进"课程思政"工作。

（2）协同联动。构建由教学评估与督导、教学运行、专业/课程建设三类和学院层、系部层、教学团队层四层组成的教学质量保障体系，每个类别和层面的管理与执行上下联动，确保"课程思政"工作运行顺畅。

（3）评价机制。建立科学评价体系，定期对"课程思政"工作实施情况进行评价，使各门课程思想政治教育功能融入全流程、全要素可查可督，及时宣传表彰、督促整改。

（4）经费支持。为了保障"课程思政"教育教学改革稳步推进，通过申请、评审，择优立项院级"课程思政"建设示范项目，利用学院设立教育教学改革专项经费，为"课程思政"建设示范项目提供一定的资助，并根据考核结果实施动态管理，确保建设示范项目顺利实施。

（5）择优推荐。按照有关要求，校级"课程思政"建设项目的申报，原则上从学院"课程思政"执行良好的教师或团队中择优推荐。

4.4 土木工程学院科研育人评价机制

根据《中共中央国务院关于加强和改进新形势下高校思想政治工作的意见》《高校思想政治工作质量提升工程实施纲要》和《"三全育人"综合改革试点工作建设要

求和管理办法》，为深入贯彻落实全国高校思想政治工作会议和全国教育大会精神，全面贯彻党的教育方针，坚持社会主义办学方向，落实立德树人根本任务，结合土木工程学院实际，现就进一步促进科研育人质量体系提升、完善科研育人评价机制提出实施方案。

4.4.1 指导思想

以习近平新时代中国特色社会主义思想和党的十九大精神为指导，贯彻落实全国高校思想政治工作会议精神，践行社会主义核心价值观，依据《中共中央国务院关于加强和改进新形势下高校思想政治工作的意见》《高校思想政治工作质量提升工程实施纲要》《"三全育人"综合改革试点工作建设要求和管理办法》和《普通高等学校院（系）"三全育人"综合改革试点建设标准（试行）》等有关文件精神，紧密结合实施"交通强国"战略的交通土建人才需求和土木工程学院人才培养实际，积极探索新时代的科研育人体系，形成与土木工程学科特点相适应的全员全过程全方位科研育人格局。

4.4.2 基本思路

紧抓师德师风建设，深化师德师风综合治理，规范和引导广大教师以德立身、以德立学、以德育德，全面落实立德树人根本任务；优化学院科研管理制度，明确科研育人功能，改进科研环节和程序，把思想价值引领贯穿选题设计、科研立项、项目研究、成果运用全过程，引导师生树立正确的政治方向、价值取向、学术导向，培养师生开拓创新的进取意识、严谨求实的科研作风、敢为人先的科学精神和科技报国的远大志向，把思想政治表现作为组建科研团队的底线要求，把育人成效作为科研团队表彰的重要参考，促进科研育人质量体系提升。

4.4.3 主要措施

（1）建立教师思想政治与师德师风的考评体系和绩效评价体系。教师在科研育人中发挥着举足轻重的灵魂作用，其思想政治表现直接决定着科研育人的成效。以教育部《关于建立健全高校师德建设长效机制的意见》《西南交通大学加强教师思想政治工作和师德师风建设实施细则（试行）》等为指导，将师德师风考核放在首位，着力抓好教师队伍思想政治工作。将师德考核贯穿于科学研究的全过程，分别从思想政治表现、专业思想与责任感、为人师表、工作态度、业务素质等方面全面考核评价师德表现，形成公开、公平、公正、易于操作的考核办法；加强对新入职教师的思想政治和品德学风的综合考察。

（2）贯彻研究生导师、本科生"人生导师"指导行为准则。认真贯穿执行学校《导师指导行为准则》，明确导师在学生思想政治教育中的首要责任人作用，坚持以"育人为本，德育为先"的理念为指导，将加强思想政治教育、指导专业学习和科研训练相结合，实现价值塑造、能力培养和知识传授"三位一体"的培养目标。

（3）学生作为科研育人的对象，在新生入学前，认真做好学生思想政治素质和品德考核工作，对于思想品德考核不合格者不予录取。通过课题组—实验室—学院开展的学术讲座等活动，引导师生树立严谨求实、开拓创新、勇攀高峰的科研精神和立志报国的理想信念；利用学院拥有的高水平科研平台，依托科研团队和教师在研的科研项目，构建实验室向全体学生开放的机制和科研实践机制，提升学生创新意识和创新能力。

（4）把学术诚信管理贯穿科研和人才培养全过程：倡导师生遵守学术规范与学术道德，强化课题申报、结题、成果奖项评审等环节的学术诚信要求；定期组织专家为学生开展学术诚信讲座，推进科研诚信教育进课堂

（5）引导学生积极参加国内外学术和专业实践活动，加强实践过程中的思想品德监管力度。协同校内、校外导师、管理人员，加强科研育人全过程管理，构建多角色从育人方案设计、校外导师指导、进展汇报、中期检查、监督与反馈、成果质量评价等方面深入参与育人全过程的新机制，实现多维互动的协同育人。指导学生产出高质量科研成果，鼓励将科研成果转化应用，推动产学研用紧密结合。

（6）科研育人成效通过定性评价和定量评价相结合的方式。将教师个人的思想政治表现和育人功能发挥作为选聘、绩效考核、职称（职务）晋升和奖惩的首要内容，并采取一票否决制；将学术诚信、社会主义核心价值观作为学生评奖评优环节的首要条件，并采取一票否决制；在学术评价方面强调科研育人，建立分类评价体系，注重高质量、标志性成果，开展多元评价与同行专家评价相结合的综合评价方式。